DK 336.2

FORSCHUNGSBERICHTE DES WIRTSCHAFTS- UND VERKEHRSMINISTERIUMS NORDRHEIN-WESTFALEN

Herausgegeben von Staatssekretär Prof. Dr. h. c. Dr. E. h. Leo Brandt

Nr. 624

Finanzwissenschaftliches Forschungsinstitut an der Universität Köln

Direktor Prof. Dr. G. Schmölders

Progression und Regression

Als Manuskript gedruckt

WESTDEUTSCHER VERLAG / KÖLN UND OPLADEN

1958

ISBN 978-3-663-04100-9 ISBN 978-3-663-05546-4 (eBook)
DOI 10.1007/978-3-663-05546-4

Gliederung

A. Einleitung: Das Problem der Steuerlastverteilung

I. Assekuranz- und Äquivalenztheorie

So alt wie die Frage des "Ob" der Steuererhebung ist die Frage nach dem "Wie"; in welcher Weise sollen die einzelnen Mitglieder eines Gemeinwesens zur Finanzierung der öffentlichen Aufgaben beitragen? Die Beantwortung dieser Frage hängt auf das engste mit der Antwort auf die Frage nach dem Wesen des Staates zusammen; daraus ergeben sich sowohl die Aufgaben, die ihm gestellt sind, als auch die Grundsätze, nach denen er die zur Finanzierung notwendigen Mittel von den einzelnen Bürgern erhebt.

Die ersten, die klare Steuerprinzipien aufstellten, waren die Vertreter der naturrechtlichen Staatslehre und des darauf aufbauenden (wirtschaftlichen) Liberalismus. Nach der von ihnen entwickelten Assekuranztheorie war die Steuer gleichsam eine Versicherungsprämie für den Schutz des Lebens (Personalsteuern) und des Eigentums (Vermögenssteuern). Diese Theorie wurde in der französischen Revolution zur Äquivalenztheorie erweitert, wonach die Steuer die gemeinsame Schuld der Bürger und der Preis für die Vorzüge ist, die die Gesellschaft ihnen verschafft. (Französische Nationalversammlung 1789)[1]. Beide Theorien dienen sowohl der Steuerbegründung als auch als Maßstab für die Lastenverteilung. Ihren prägnantesten Ausdruck hat das Steuerideal der Klassiker in der Edinburger Regel: "Leave them as you find them" gefunden. Eine solche Besteuerung war die logische Folgerung ihrer Auffassung von dem wirtschaftlichen Handeln der Menschen. Aus den Erkenntnissen der Naturwissenschaften (insbes. der Physik und der Mathematik) war ihre Zeit der Auffassung, daß, wenn man den als homo rationalis verstandenen Menschen frei von störenden staatlichen Eingriffen jeder Art sich entfalten lasse, das gesellschaftliche Leben völlig harmonisch verlaufe. Das bedeutet zwar nicht die Negierung des Staates an sich, aber doch seine Beschränkung auf eine Rolle, die Lassalle ironisch als die eines Nachtwächters charakterisierte. Dieser Staat sollte zur Finanzierung seiner geringen Aufgaben die Steuerlast derart verteilen, daß die relativen Einkommens- und Vermögensverhältnisse erhalten blieben, denn die in der freien Konkurrenzwirtschaft entstandene Verteilung des

1. Zitiert nach SCHMÖLDERS, G., Allgemeine Steuerlehre, Wien-Stuttgart 1951, S. 24

Sozialproduktes schien auf Grund eines harmonischen Systems, einer gottgewollten Ordnung zustande gekommen und deshalb gerecht; die Besteuerung sollte also proportional dem Einkommen (und eventuell auch dem Vermögen) sein.

Es gab jedoch auch einige Vertreter der Äquivalenztheorie, die eine progressive Besteuerung forderten, also ein Steuersystem, bei dem die gesamten Abgaben überproportional mit dem Einkommen wachsen.

Schon die Freilassung des Existenzminimums, die schon in vorklassischer Zeit von SONNENFELS und dann später von LOTZ, BENTHAM und STEUART[2]) verlangt wurde, bedeutet eine gewisse progressive Belastung, auch wenn der Tarif an sich proportional ist.

Weitergehend ist die Forderung ROUSSEAU's, der aus dem Gedanken der Äquivalenztheorie das Einkommen bereits progressiv belastet wissen wollte: Seiner Ansicht nach kommt der Nutzen ausschließlich den Reichen zugute, deren riesige Vermögen geschützt würden und die allein die Vorteile der Gesellschaft genössen, während den Armen alle Türen verschlossen blieben. Deshalb müsse eine progressive Steuer eingeführt werden; nur eine solche sei "vraiment proportionnel"[3]).

Aber selbst wenn man mit den meisten Vertretern der Klassik an einer proportionalen Besteuerung festhält, bedeutet das nicht, daß auf eine Progression überhaupt zu verzichten wäre.

Seit dem Fehlschlag des physiokratischen "impôt unique" ist es allgemeine Überzeugung geworden, daß nur mit einer Mehrzahl von Steuern ein genügend großes Aufkommen und eine - den jeweiligen Vorstellungen entsprechende - gerechte Verteilung zu erreichen ist. Wenn nun eine Steuer oder eine ganze Gruppe von Steuern sich als regressiv, d.h. weniger als proportional steigend erweisen sollte, dann muß zum Ausgleich dafür eine oder eine Anzahl von anderen Steuern progressiv ausgestaltet werden. Seit langem besteht die Meinung, die sogenannten indirekten Steuern seien jedenfalls regressiv und schon aus diesem Grunde müsse als Gegengewicht eine progressive Einkommensteuer erhoben werden. Besonders WAGNER weist darauf hin, daß die Verbrauchsteuern das kleine Einkommen gegenüber dem großen und das Arbeits- gegenüber dem Besitzeinkommen

2. Siehe dazu DITTMANN, H., Die theoretischen Grundlagen der Steuerprogression. Diss. Zürich 1950, S. 14 f
3. DITTMANN, H. a.a.O., S. 17 f.

"umgekehrt progressiv" belaste, denn die Quote, die zur Befriedigung des Lebensbedarfes diene, nehme mit steigendem Einkommen immer mehr ab[4].

Es geht in dieser Untersuchung darum, ob diese Behauptung, die WAGNER vor nunmehr fast 70 Jahren aufstellte und einleuchtend begründete, auch heute noch, bei völlig verändertem Verbrauchsteuersystem, bei andersartigen Verbrauchsgewohnheiten und bei veränderten Überwälzungsmöglichkeiten in vollem Umfange gilt.

II. Leistungsfähigkeits- und Opfertheorie

Zu einer ganz anderen Auffassung über die Verteilung der Steuerlast kommt man, wenn man nicht, wie es die Klassiker taten, den Staat als eine Art Handelsgesellschaft auffaßt, sondern als ein übergeordnetes Prinzip; der Staat hat nach Aristoteles die Aufgabe, das Gute im Leben zu verwirklichen. Nach dieser Staatsauffassung hat ein jeder nach seinen Kräften zur Aufbringung der vom Staat benötigten Mittel beizutragen; an die Stelle der Äquivalenztheorie tritt somit die Leistungsfähigkeits- bzw. Opfertheorie, wobei mit den Begriffen Leistungsfähigkeit und Opfer einmal die positive und einmal die negative Seite angesprochen wird. Letztlich ist diese Theorie nichts anderes als eine Anwendung der subjektiven Wertlehre auf die Besteuerung.

Die meisten Vertreter dieser Theorie fordern eine mehr oder weniger stark ausgeprägte Progression. Schon zu Zeiten Solons (596 v. Chr.) soll in Athen eine progressive Steuer bestanden haben. Es handelte sich um eine Steuer auf den Vermögensertrag, bei der der Steuersatz zwar konstant gehalten wurde, die steuerbaren Beträge jedoch durch verschieden hohe Abzüge differenziert wurden[5]. Auch nach Thomas von Aquin sollten Steuern, die allerdings nur ausnahmsweise erhoben werden sollten, nach der Leistungsfähigkeit bemessen werden[6]. Montesquieu verlangt die Progression, weil die Besteuerung des Überflüssigen weniger Opfer auferlegt, als die des Notwendigen[7]. Eine scheinbar unangreifbare Begründung erfuhr die aus der Opfertheorie motivierte Progression durch die

---

4. WAGNER, A., Finanzwissenschaft 2. Theil, 2. Aufl., Leipzig 1890, S. 654 ff
5. DITTMANN, H., a.a.O., S. 42
6. ders., a.a.O., S. 44
7. ders., a.a.O., S. 44

subjektive Wertlehre GOSSENS und die Grenznutzenschule; wenn es stimmt, daß der Nutzen der letzten Geldeinheit bei allen Menschen nach einer für alle gleichen Formel mit steigendem Einkommen abnimmt, dann folgt daraus, daß nur eine progressive Besteuerung dem Grundgedanken der Opfertheorie entspricht. Dabei fragt es sich allerdings, ob nach dieser Theorie die Steuerlast so verteilt werden soll, daß ein für alle absolut gleiches, ein gleiches proportionales oder ein für die Gesamtheit minimales Opfer entsteht.

Nach der Theorie des gleichen Opfers sollen die Steuern so verteilt werden, daß das Opfer aller Besteuerten gleich ist, jeder soll also die gleiche "Menge" an "Genuß" aufgeben.

Die Forderung eines proportional gleichen Opfers für alle ist eine Neuauflage des Postulats der Klassiker nach proportionaler Besteuerung, jetzt aber in subjektiver Sicht. Da der Gesamtnutzen degressiv ist, führt die Forderung, jedem eine gleiche Quote wegzusteuern, zur Progression.

Bei ganz konsequenter Durchführung der Opferminimumstheorie würde man zu einer Nivellierung aller Einkommen gelangen. Da voraussetzungsgemäß der Grenznutzen mit steigendem Einkommen abnimmt, muß man zunächst die ganz Reichen, dann die Reichen usw. besteuern bis die zur Deckung des Staatsbedarfes erforderlichen Mittel aufgebracht sind.

Die Vertreter dieser Theorie, insbesondere CARVER, EDGEWORTH und PIGOU, gehen jedoch nicht soweit. CARVER[8)] schreibt sehr einleuchtend, daß man nicht nur das Opfer desjenigen, der die Steuer zahle, zu betrachten habe, sondern auch die beeinträchtigende Wirkung berücksichtigen müsse, die eine Steuer auf Fleiß und Erwerbsstreben haben könne. Diese führe dann zu Minderungen der künftigen Produktion und damit letztlich zu einem Opfer für alle. Je nachdem, welche Bedeutung man diesem Argument beimißt, wird also die Progression mehr oder weniger abzuschwächen sein.

Fast alle Theoretiker kommen von der Opfertheorie zu irgendeiner Art der Progression; NEUMARK behauptet sogar, daß man hierzu kommen müsse[9)]. Das setzt allerdings schon eine ganz bestimmte Vorstellung über den Verlauf der Nutzenkurve (Nutzen als Funktion des Einkommens) voraus,

8. Zitiert nach DITTMANN, a.a.O., S. 90 ff
9. NEUMARK, F., Theorie und Praxis der modernen Einkommensbesteuerung, Bern 1947, S. 74 ff

nämlich die, daß der Grenznutzen mit steigendem Einkommen kontinuierlich fällt.

Gegenüber der Steuertheorie der Grenznutzenschule tauchen jedoch mehrere kritische Fragen auf. Zunächst ist es einleuchtend, daß bei Konsum eines Gutes der Nutzen, den eine Einheit stiftet, mit zunehmender Sättigung abnimmt; aber gilt dies auch für Geld, das die Möglichkeit bietet, eine Unzahl verschiedener Güter zu kaufen?[10] Eine andere Frage ist, ob die Grenznutzenkurve bei steigendem Einkommen die gleiche wie bei fallendem ist: Wenn bei einem Menschen, dessen Einkommen kontinuierlich wächst und der nach und nach immer weniger wichtige Bedürfnisse befriedigen kann, die Entwicklung seines Einkommens einmal umgekehrt verläuft, dann trifft ihn der Verlust sonst kaum beachteter Genüsse äußerst schmerzlich. TAUSSIG schreibt[11]: " ... their loss would be more keenly felt, than their presence is enjoyed".

Fraglich ist, ob die Grenznutzenkurve tatsächlich kontinuierlich abnimmt oder ob sie sprunghaft, also diskontinuierlich, verläuft. Tatsächlich spricht einiges für die letztere Annahme: Häufig bedeutet eine Gehaltssteigerung, die jemand auf Grund einer Beförderung vom Abteilungsleiter zum Mitglied des Direktoriums erhält, gleichzeitig das Entstehen einer Anzahl neuer Verpflichtungen. Der Grenznutzen kann in solchem Falle sogar zeitweilig steigen. Zur Berücksichtigung dieser Tatsache hat Leopold von WIESE[12] vorgeschlagen, das Existenzminimum der sozialen Stellung entsprechend zu staffeln.

Diese Überlegung weist schon darauf hin, daß die Grenznutzenkurve der einzelnen Menschen keineswegs gleich sind; sie können sogar gar nicht gleich sein, denn das würde voraussetzen, daß alle Menschen gleich veranlagt wären, die gleiche Erziehung genossen hätten und in gleichen Lebensverhältnissen lebten. Da man aber schlechterdings nicht für jeden einzelnen eine gesonderte Progressionstabelle aufstellen kann, lassen sich Verallgemeinerungen nicht vermeiden.

---

10. JEVONS (zitiert nach DITTMANN, a.a.O., S. 108) schreibt: "there can be to much of one thing. But can be to much of all things?"
11. TAUSSIG, F.W., Principles of Economics, 3. Aufl., 1. Bd. New York 1932, S. 128
12. WIESE, L.v., Das Prinzip der Progression in der Einkommensteuer, Festgabe für Schanz, 2. Band, Tübingen 1928, S. 261 ff.

Das stärkste Handikap bei der Aufstellung eines progressiven Tarifs besteht jedoch in der Unmöglichkeit, den Grenznutzen des Geldes zu messen, zumal es sich wegen der Verschiedenheit der Individuen ohnehin nur um einen durchschnittlichen Grenznutzen handeln könnte. An Versuchen, ihn zu messen, hat es nicht gefehlt[13)], aber plausible Ergebnisse haben sie nicht gezeitigt. Man wird sichwohl mit der resignierenden Feststellung SELIGMANS[14)] begnügen müssen, daß die Beziehungen zwischen dem Opfer als etwas Psychischem und der Steuerzahlung als etwas Materiellem nicht genau bestimmt werden können.

Trotz aller dieser Bedenken dürfte ein progressives Steuersystem der Opfertheorie am besten entsprechen; es enthält jedoch zwangsläufig eine Reihe mehr oder weniger willkürlicher Annahmen. SELIGMAN bemerkt dazu, daß "half a loaf is better than no bread"[15)].

III. Sozialpolitische Theorie

Im Gegensatz zu den Vertretern der Opfer- und Leistungsfähigkeitstheorie vertreten die Sozialreformer das Progressionsprinzip aus ethischen und politischen Gründen. Anders als die revolutionären Sozialisten, die nur ganz vereinzelt[16)] eine progressive Besteuerung als Mittel zur Erreichung ihrer Ziele forderten, verlangten die sogenannten "Kathedersozialisten", die ohne Umsturz zu einer Änderung der bestehenden Einkommens- und Vermögensverhältnisse gelangen wollten, die Progressivbesteuerung aus grundsätzlichen sozialpolitischen Erwägungen. Der bedeutendste Vertreter dieser Auffassung war A. WAGNER, der im Gegensatz zu fast allen seinen Zeitgenossen auf die soziale Aufgabe der Besteuerung hinwies. Vor ihm war schon im 18. Jahrhundert von der LITH dafür eingetreten, daß "ein weiser Regent mithin die Steuer dazu anwenden (werde), um die gemeldete Ungleichheit des Vermögens seiner Unterthanen zu vermindern. Wenigstens wird er dieselbe nicht durch die ungleichen

---

13. So haben vor allem Irving FISHER und Ragnar FRISH umfangreiche Untersuchungen angestellt. Siehe hierzu DITTMANN, a.a.O., S. 118 ff.
14. SELIGMAN, E.R.A., Progressive Taxation in Theorie and Practice, in Publications of the American Economic Association Vol IX 1894, S. 144
15. ders., a.a.O., S. 194
16. So MARX im "Kommunistischen Manifest"

Anlagen vermehren"[17]. Auch in der Französischen Revolution wurden immer laut, die Steuern in den Dienst einer Nivellierungspolitik zu stellen.

WAGNER war also nicht der erste, der auf die soziale Aufgabe der Besteuerung hinwies, aber er hat darauf mit einer solchen Eindringlichkeit hingewiesen, daß dieser Gedanke seither nicht mehr aus der Diskussion verschwunden ist.

In der nach WAGNERs Auffassung angebrochenen "sozialen Epoche" stehe diese Aufgabe gleichberechtigt neben der finanziellen. Neben dem Zweck, die zur Finanzierung der Staatsaufgaben notwendigen Mittel aufzubringen, habe die Steuerpolitik "auch die Aufgabe, regulierend in die aus privatwirtschaftlichen Organisationen sich ergebenden Größenverhältnisse der privaten Einzeleinkommen und Vermögen einzugreifen, eine sozialpolitische Aufgabe, welche die im Zeitalter des Kapitalismus hervortretenden Extreme der Einkommens- und Vermögensverteilung ... zu einer richtigen und notwendigen macht"[18]. Die Auffassung von der Steuer steht und fällt mit der Auffassung über das, was man als "gerechte Verteilung" ansieht. WAGNER betont, daß die Steuergerechtigkeit historisch relativ sei[19]. Er ist der Meinung, daß die Einkommensverteilung, wie sie sich im geltenden System der freien Konkurrenz ergibt, einer Korrektur bedarf. Eben dazu sei eine progressive Besteuerung notwendig, die zunächst einmal eine noch weitere Verschärfung der Ungleichheit verhindern soll.

Die Entwicklung ist über die Postulate WAGNERs hinausgegangen, indem man forderte, nicht nur die Aufbringung der notwendigen Staatsausgaben vornehmlich den Reichen aufzubürden, sondern darüber hinaus Teile von deren Einkommen auf dem Wege über Subventionen den minderbemittelten Schichten zuzuteilen.

Seit Anfang der 30er Jahre hat diese Einkommensredistribution aus rein wirtschaftlichen Erwägungen eine starke Stütze in den Forderungen KEYNES' und der Fiscal Policy erfahren. KEYNES fordert zur Vermeidung einer Unterkonsumtion, Einkommen den Reichen wegzunehmen, die es doch

---

17. Von der LITH, "Neue Abhandlung von den Steuern" (1766) zitiert nach SELIGMAN, a.a.O., S. 71
18. WAGNER, A., Finanzwissenschaft 3. Teil, a. Buch, 2. Aufl. Leipzig 1910, S. 499
19. Ders., Finanzwissenschaft 2. Teil, 2. Aufl., Leipzig 1890, S. 379

im wesentlichen sparen würden, um es den Armen zu geben, die es ganz oder doch größtenteils konsumieren würden.

Es soll hier nicht weiter auf die Problematik dieser und auch der anderen Theorien hingewiesen, sondern vielmehr die Frage untersucht werden, ob die Steuern, so wie sie heute bestehen, tatsächlich progressiven Charakter haben und nicht etwa einen proportionalen oder gar regressiven. Dabei ist auch zu untersuchen, ob die prima-facie progressiven Steuern mit Recht so eingestuft werden und ob nicht die Steuern und Steuergruppen, die man in ihrer Belastungswirkung als regressiv bezeichnet, ihren Charakter im Laufe der Zeit so gewandelt haben, daß diese Behauptung einer gewissen Modifikation bedarf.

Zunächst aber sind einige Grundbegriffe zu klären und eine Systematik der verschiedenen Progressions- und Regressionsformen aufzuzeigen.

B. Hauptteil: Progression und Regression einzelner Steuern und des gesamten Steuersystems

I. Wesen und Formen der Progression und Regression

1. Progression und Regression in der Tarifgestaltung

Obwohl jede Steuer letztlich eine Einkommen- oder - in seltenen Fällen - Vermögenssteuer ist, hat sich im Laufe der Zeit ein Steuersystem mit einer Vielfalt von Steuern herausgebildet. Auch alle Reformbestrebungen, die auf die Schaffung eines rationalen Steuersystems abzielen, wollen an dieser Vielfalt von Steuern nichts ändern, denn seit den Mißerfolgen mit dem physiokratischen "impôt unique" ist man sich darüber klar, daß eine optimale Erfassung der steuerlichen Leistungsfähigkeit, wie immer man sie faßt, mit einer einzigen Steuer nicht zu erreichen ist.

Neben das Einkommen als Bemessungsgrundlage treten also noch eine Reihe verschiedener anderer Grundlagen wie Erbmasse, Kaufpreis, Menge etc. Der zu zahlende Steuerbetrag kann nun in ganz unterschiedlicher Weise dieser Bemessungsgrundlage zugeordnet werden.

Eine klare Definition dieser verschiedenen Möglichkeiten gibt BRÄUER in seinem grundlegenden Werk über den Steuertarif[20].

---

20. BRÄUER, K., Umrisse und Untersuchungen zu einer Lehre vom Steuertarif, Jena 1927

Er versteht unter Besteuerungseinheiten die in einem Geldbetrag, einer Gewichts- oder Maßangabe ausgedrückten Einheiten, in die man sich ein zu versteuerndes Objekt zerlegt denken kann; eine Vereinigung einer beliebigen Anzahl dieser Einheiten nennt er Besteuerungsmenge, die Verhältniszahl, die auf die Besteuerungseinheit oder ein Vielfaches derselben nach Maßgabe des Steuertarifes angewendet wird, den Steuersatz und er versteht unter Steuerbetrag diejenige Summe, die sich durch die Anwendung des Steuersatzes auf die Besteuerungsmenge als Steuerschuld ergibt[21)].

Während nun bei einer proportionalen Steuer der Steuersatz dauernd konstant bleibt, steigt er bei einer progressiven mit steigender Besteuerungsgrundlage an und nimmt bei einer regressiven ab, was bei starker Regression sogar zu einem absoluten Fallen des Steuerbetrages führen kann.

Stellt man bei einer rein progressiven Steuer den Steuerbetrag als Funktion der Besteuerungsmenge dar, dann ergibt sich eine kontinuierlich steigende Kurve. Die praktisch vorkommenden Steuern mit progressivem Charakter weichen von diesem Idealbild mehr oder weniger ab, insofern als sie auch proportionale oder gar regressive Elemente enthalten. BRÄUER[22)] unterscheidet als Grundformen des progressiven Steuertarifs den Stufentarif, bei dem jeder Stufe ein bestimmter Steuerbetrag oder Steuersatz zugeordnet ist; den Linientarif, bei dem den gleichen Tarifstufen stetig steigende Steuersätze in der Weise zugeordnet sind, daß die Differenz zweier benachbarter Steigerungsquoten stets gleich bleibt; und den Kurventarif, bei dem ein von Einheit zu Einheit wechselnder Steuersatz angewandt wird.

Man kann die Progressionstarife auch in direkte oder offene und indirekte oder verschleierte einteilen. Bei dem ersten Typ ist die Progression schon am äußeren Aufbau des Tarifs erkennbar. Bei der indirekten Progression kann der Tarif als solcher proportional sein, aber dadurch, daß Abzüge gewährt werden oder daß man die Steuerbemessungsgrundlage aus anderen Daten unter Anwendung progressiv gestalteter Relativzahlen errechnet, ist die Steuer in Wirklichkeit doch progressiv; so wird bei dem französischen "impot sur le revenu" das Kapital aus der

21. ders., a.a.O., S. 2 u. 3
22. BRÄUER, K., a.a.O., S. 24 ff.

Rente errechnet, die mit einem bestimmten progressiven Kapitalisierungsfaktor multipliziert wird[23].

Eine besondere Form der Progression ist die Degression, bei der ein nach oben hin proportionaler Steuersatz nach unten abgestuft wird. Man hat sie bezeichnet als Progression mit anschließender Proportionalität oder als Proportionalität mit anfänglicher Progression, je nachdem ob die Betonung auf Progression oder auf Proportionalität liegt[24].

Der Gegensatz zur Progression ist die Regression. Hier nimmt also der Steuersatz bei steigender Besteuerungsmenge kontinuierlich ab. Der Steuerbetrag kann steigen oder - bei starker Regression auch sinken. Reine Regressionstarife sind bei Steuern heute unbekannt. Sie werden aber noch angewandt beim Eisenbahngütertarif, der auf dem Grundsatz beruht, wachsende Entfernungen mit sinkenden Streckensätzen zu belasten[25].

Die Begriffe Progression und Regression können in verschiedener Beziehung angewandt werden. Man kann sie beziehen auf eine einzelne Steuerform. Wie schon gesagt, gibt es im heutigen Steuersystem keine rein regressiven Tarife mehr. Man kann jedoch in prinzipiell proportionalen oder gar progressiven Tarifen regressive Elemente feststellen.

Progressive Tarife herrschen vor bei Einkommen- und Erbschaftssteuern, sie sind aber auch bei Ertrag- und sogar bei Verbrauchssteuern anzutreffen.

2. Progression und Regression der Belastung

Viel wichtiger aber als die Betrachtung des Tarifs ist die Untersuchung, inwiefern bestimmte Steuergruppen und das gesamte Steuersystem progressiven oder regressiven Charakter hat[26]. Die enge Definition, die diesen Begriffen oben beigelegt worden ist, paßt in diesem Zusammenhang nicht mehr genau. Dennoch ist die Anwendung der Begriffe Progression und Regression auch hier sinnvoll.

Bei der Vielzahl von Steuern mit den unterschiedlichsten Namen darf nämlich nicht vergessen werden, daß es letztlich nur zwei Steuern geben

---

23. SCHMÖLDERS, G., Allgemeine Steuerlehre, S. 100
24. DITTMANN, H., Die theoretischen Grundlagen der Steuerprogression, Diss. Zürich 1950, S. 7
25. BRÄUER, a.a.O., S. 7
26. SCHMÖLDERS, Steuersystem und Steuersystematik, in Handbuch der Finanzwissenschaft, 2. Bd., 2. Aufl., Tübingen 1956, S. 332

kann: Einkommen- oder Vermögensteuern. Entweder zahlt man die Steuern aus den laufenden Einkünften oder aber man greift - in Ausnahmefällen - auf das zurück, was in vergangenen Perioden akkumuliert worden ist. So betrachtet sind auch die Verbrauchsteuern Einkommensteuern, nämlich solche auf die Verwendung des Einkommens.

Es ist also durchaus sinnvoll, danach zu fragen, wie bestimmte Steuergruppen oder die Steuern in ihrer Gesamtheit das Einkommen belasten. Letztlich ist das überhaupt die wichtigste Fragestellung.

Während die Frage, ob und inwieweit der Tarif einer bestimmten Steuer progressive oder regressive Züge aufweist, relativ leicht zu beantworten ist, ist die Frage nach der Belastung des Einkommens (bzw. Vermögens) durch sämtliche Steuern schwer, ja mit Genauigkeit gar nicht zu beantworten, weil das Problem, wen letztlich eine Steuer trifft, definititv nicht gelöst ist und wohl auch nicht gelöst werden kann. Geht man bloß von der formalen Inzidenz aus, dann sind ungefähre Angaben möglich: fraglich ist dann nur, inwieweit solche Feststellungen aussagekräftig sind.

II. Die Belastung durch Einkommen-, Vermögen- und Ertragsteuern

1. Die Einkommensteuer

a) Entwicklung der Progression

Schon im Mittelalter hat es Abgaben mit der Bezeichnung Einkommensteuern gegeben. In Wirklichkeit handelte es sich dabei jedoch entweder um Klassen- oder um Kopfsteuern[27]. Die erste Steuer, die zu Recht den Namen Einkommensteuer trug, weil bei ihr das Einkommen Steuergegenstand, Bemessungsgrundlage und -quelle war, wurde 1799 in England eingeführt, wo sie mit kurzer Unterbrechung bis 1816 galt. Sie war von vornherein gedacht zur Finanzierung der Napoleonischen Kriege. 1842, als kriegerische Ereignisse in Indien die Staatsausgaben anschwellen ließen, wurde von neuem eine Einkommensteuer eingeführt, die diesmal aber - trotz aller guten Vorsätze - nicht wieder abgeschafft wurde. In vielem wurde sie als Vorbild für alle später entstandenen Einkommensteuergesetze. Für ein wichtiges Gebiet, nämlich das der Progression, gilt das

27. POPITZ, J., Artikel Einkommensteuer, in Handwörterbuch d. Staatswissenschaft, 4. Aufl., 3. Bd., Jena 1926, S. 437

jedoch nicht, denn die englische Steuer war formal proportional, unter Berücksichtigung der Freibeträge jedoch degressiv. Progressive Einkommensteuern wurden zunächst in den deutschen Bundesstaaten Hessen, Sachsen, Baden und Preußen eingeführt. Durch die MIQUELsche Steuerreform erhielt Preußen eine Einkommensteuer, deren Sätze bis zu 4 % anstiegen, was von den einen (Sozialreformer) als erster Schritt zu einem sozialen, gerechten Steuersystem, von den anderen (Liberalen) als wider jede göttliche und menschliche Ordnung verstoßend angesehen wurde. Trotz aller Einwände gegen die Progression wurde ihre Ausgestaltung immer steiler. Unter Berücksichtigung der Kommunalzuschläge kamen schon vor dem 1. Weltkrieg in Preußen Sätze bis zu 17 % vor[28]. Bei der schwierigen finanziellen Lage, in der das Reich nach dem Zusammenbruch war, ist es nicht verwunderlich, daß in der inzwischen vom Reich übernommenen Einkommensteuer Sätze von 10 - 60 % galten, die aber weniger drückend waren als es auf den ersten Blick scheint, denn bis zur Zahlung der Einkommensteuerschuld war der Geldwert häufig schon auf einen Bruchteil gefallen. 1925 wurde dann der Tarif auf maximal 40 % gesenkt. Eine drastische Steigerung erfuhren die Einkommensteuersätze durch die Kontrollratsgesetzgebung, die die Spitzenprogression auf 95 % festsetzte.

Mit Konsolidierung der wirtschaftlichen Verhältnisse nach der Währungsreform wurden auch sukzessiv die Einkommensteuersätze abgebaut; so wurde 1951 ein Plafond, d.h. eine maximale prozentuale Gesamtbelastung von 80 % eingeführt, die dann 1954 auf 70 % und 1955 auf 55 % gesenkt wurde. Aber auch heute noch beträgt die Spitzenprogression 63,5 % und, rechnet man die Kirchensteuer hinzu, sogar rd. 66,0 %[29]; 2/3 des Mehreinkommens müssen maximal an den Staat abgeführt werden, wesentlich mehr also als POPITZ, der der Einkommensteuer sehr positiv gegenübersteht, für möglich hält. Er meint, daß - von Notzeiten abgesehen - es niemand zugemutet werden sollte, mehr als 33 1/3 % seines Einkommens herzugeben[30]. In Amerika wird heute eine Belastung von 50 % als "psychological breaking point" angesehen. Wenn einer mehr als 50 % zahlen müsse, so glaubt man - sinke seine Arbeitslust und Initiative[31].

28. ders., a.a.O., S. 442
29. Zwar beträgt die Kirchensteuer 10 % der Einkommensteuer, also maximal 6,35 % des Einkommens; da sie aber unter den Sonderausgaben abgesetzt werden kann, ist die effektive Belastung geringer
30. POPITZ, J., a.a.O., S. 426
31. SCHMÖLDERS, G., Organische Steuerreform, Berlin u.Frankf. 1953, S. 27

Deutschland steht mit der Verschärfung der Progression allerdings nicht allein. England hat nach dem Krieg sogar eine Spitzenprogression von 97 % gehabt[32], und Amerika hatte allein auf Bundesebene einen Maximalsatz von 91 % (1954/55), wozu noch Staats- und Gemeindeeinkommensteuern kamen.

Das wahre Ausmaß der Steigerung der Einkommensteuerlast kann allerdings nicht allein an den Spitzensätzen abgelesen werden; es kommt entscheidend darauf an, wann diese erreicht sind, wie die Staffelung der Steuersätze ist und welche Freibeträge gewährt werden.

Wie groß die Steigerung der Einkommensteuerbelastung bei unverheirateten Steuerzahlern mit Jahreseinkommen von 3.000, 10.000 und 100.000 M (bzw. RM, DM) seit 1891 ist, geht aus folgender Tabelle hervor.

Jahr	Jahreseinkommen		
	3.000	10.000	100.000
1913[33]	174	870	12200
1921[34]	180	880	32540
1925[35]	230	950	30000
1934[36]	456	2092	51800
1946[37]	688	4463	85513
1949	402	3231	76656
1957	263	1817	39551

Der Aussagewert dieser Tabelle ist allerdings durch verschiedene Tatsachen stark gemindert: Zunächst einmal ist der Begriff des Einkommens nicht immer der gleiche gewesen. Bis 1920 war die Quellentheorie, von 1920 - 1925 die Reinvermögenszuwachstheorie und seit 1925 ein Mischsystem

---

32. HICKS, U., Steuerpolitik im Wohlfahrtsstaat, Finanzwissenschaftliche Forschungsarbeiten N.F., H. 3, Berlin 1953, S. 17
33. Einschl. Gemeindezuschläge, die durchschnittliche (POPITZ, a.a.O., S. 442) 180 % betrugen; FALKENBERG, Was kann ich von meinem steuerpflichtigen Einkommen abziehen? Berlin 1913
34. POPITZ, J., a.a.O., S. 447
35. STRUTZ, Das neue Einkommensteuergesetz, in Steuer und Wirtschaft 1925, S. 1954 f.
36. Einschl. Bürgersteuer für die ein kommunaler Zuschlag von 600 % angenommen wird. Steuersätze nach KOCH-KAEMMEL, Einkommensteuergesetz und Bürgersteuergesetz, München und Berlin 1934
37. Steuer- und Zollblatt 1947, S. 351 ff.

Grundlage der Einkommensermittlung. Viel schwerer aber wiegt, daß die Abnahme der Kaufkraft einer Währungseinheit nicht berücksichtigt ist. So dürfte der Kaufkraft von 3.000 M 1913 eine Summe von 9 - 10.000 DM 1957 entsprechen. Die aus der Tabelle ersichtliche Steigerung der Belastung ist also in Wirklichkeit noch viel größer. Aber auch schon bei Nichtberücksichtigung der Geldentwertung wird klar, daß die Progression um so stärker gestiegen ist, je höher das Einkommen ist.

Diese bei Einführung der Einkommensteuer auch von ihren stärksten Befürwortern gar nicht vorgesehene Verschärfung der Progression, die für sehr hohe Einkommen einer Konfiskation sehr nahekommt, hat viele Zweifel an der Einkommenbesteuerung wenigstens in dieser Form aufkommen lassen.

Es ist nicht Aufgabe dieser Arbeit, auf alle die vielen Nachteile hinzuweisen, die sich durch die Übersteigerung der Progression vor allem in den letzten Jahren gezeigt haben: Förderung der Unkostenproduktion, Hemmung der Arbeitsfreude, Erschwerung des Aufstiegs neuer Unternehmen, Behinderung der Kapitalbildung, Verfälschung des Wettbewerbs, Ungerechtigkeit gegenüber Lohn- und Gehaltsempfängern sind einige Vorwürfe, die ihr gemacht werden.

Dagegen soll untersucht werden, ob die auf den ersten Blick so stark progressive Einkommensteuer, die nach Meinung ihrer Befürworter von WAGNER bis heute so sehr geeignet ist, die regressiven Wirkungen der Umsatz-, Verbrauch- und Aufwandsteuern zu kompensieren, wirklich mit Recht diese Kennzeichnung verdient.

b) Regressive Elemente

Es erscheint zunächst paradox, den Begriff der Regression mit der Einkommensteuer in Zusammenhang zu bringen. Es läßt sich aber nicht leugnen, daß es auch in dieser Steuer regressive Elemente gab und gibt.

Zunächst einmal gab es von 1930 bis 1942 eine kommunale Einkommensteuer, die sogenannte Bürgersteuer[38)], deren maximaler Betrag bei 500.000 RM Einkommen mit 2.000 RM[39)] erreicht war. Betrug der Prozentsatz hier 4 ‰, so sank er bei einer Million auf 2 ‰ bei 2 Mill auf 1 ‰ usw.

---

38. Bis 1934 war die Bürgersteuer eine Art Kopfsteuer, bei der die Regressivität noch stärker war
39. Gemeint ist der Steuergrundbetrag, der noch mit dem kommunalen Satz zu multiplizieren ist

Weit wichtiger als diese Regression nach Erreichen des Höchstbetrages ist die innere Regression, die bei jedem Stufentarif mit festen Beträgen auftritt. Diese Tarifform galt auch für die preußische Einkommensteuer. Stellt man bei einem solchen Stufentarif die prozentuale Belastung als Funktion des Einkommens dar, so ergibt sich, daß am Beginn einer jeden Stufe der Satz ein neues Maximum erreicht, bis zum Beginn der nächsten Stufe dann aber jeweils sinkt, der Tarif also insofern regressiv gestaltet ist (Tab. S. 17).

Neben der teilweisen Regression hat dieser Tarif noch den Nachteil, daß er leistungshemmend wirkt, denn jemand kann, wenn gerade eine neue Stufe erreicht ist, trotz gestiegenem Bruttoeinkommen ein kleineres Nettoeinkommen haben. Wegen dieser Unzuträglichkeiten ist dieser Tarif dann 1920 zugunsten eines Satztarifes aufgegeben worden (Abb. 1).

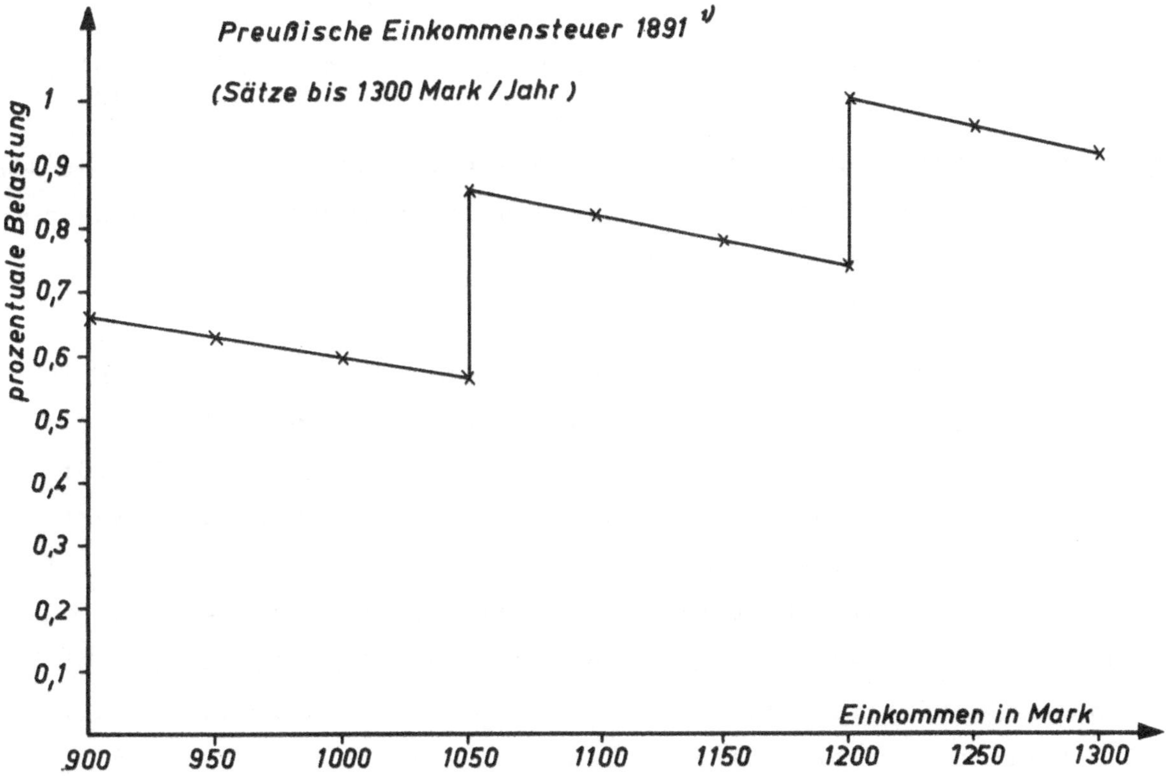

A b b i l d u n g 1

Preußische Einkommensteuer 1891[40] (Sätze bis 1300 Mark/Jahr)

40. Ohne Kommunalzuschläge

Ein anderer regressiver Zug der Einkommensteuer ist weniger evident, denn er drückt sich nicht im formalen Tarif aus. Er entsteht dadurch, daß infolge des Zwanges, möglichst alle Steuerquellen auszuschöpfen, auch solche Einkommen der Einkommenbesteuerung unterliegen, bei denen von besonderer Leistungsfähigkeit noch gar nicht die Rede sein kann.

WAGNER[41] unterscheidet zwischen "gebundenem" Einkommen, das der Befriedigung des notwendigen "Subsistenzbedarfs" dient, und dem darüber hinausgehenden "freien" Einkommen, das "überhaupt regelmäßig der Fond ist, aus dem die Steuer bestritten wird.

Aus diesem Grundgedanken heraus ist die Freilassung des Existenzminimums ein kaum noch bestrittenes Postulat der Einkommensbesteuerung. Was man aber unter Existenzminimum zu verstehen hat, ist eine sehr komplizierte Frage: Soll man nur an die rein physische Existenz denken oder soll man auch Ausgaben zur Befriedigung kultureller (zivilisatorischer) Bedürfnisse mit einbeziehen? Letzteres scheint sinnvoller zu sein, und es wäre auch völlig unverständlich, warum zum Beispiel ein Schuldner, der durch Leichtsinn, Verschwendungssucht, Faulheit etc. seine Gläubiger nicht zufriedenstellen kann oder will, seinen Radioapparat[42], sofern er nicht gar zu groß ist, behalten darf, während man gleichzeitig die zum Kauf und zur Unterhaltung eines solchen Gerätes notwendigen Beträge bei der Bemessung des Freibetrages bei der Einkommensteuer nicht berücksichtigen will.

Das tatsächlich bei der Einkommensteuer (1957) berücksichtigte Existenzminimum beträgt aber nur 75,- DM monatlich, zu dem man allenfalls noch den Sonderausgabenfreibetrag von rd. 16,70 DM[43] hinzurechnen müßte, denn die Sonderausgaben betreffen ja - anders als die Werbungskosten - die Einkommensverwendung. Daß dieser Satz zu niedrig ist, ergibt sich schon daraus, daß dem Schuldner in der Zwangsvollstreckung sogar ein pfändungsfreier Betrag von mindestens 169,- DM[44] monatlich zugebilligt wird. Bemerkenswert ist die Tatsache, daß dieser Betrag schon 1891 die gleiche Höhe hatte, obwohl inzwischen der Geldwert auf etwa 1/3 gesunken ist, so daß er mithin heute 2700 DM betragen müßte, um dem damaligen gleichzukommen. Diese Dimension haben denn auch die Freibeträge in den

41. WAGNER, A., a.a.O., S. 457
42. § 811 ZPO
43. Für Einkünfte aus unselbständiger Tätigkeit gilt allerdings ein Satz von 52,- DM pro Monat
44. § 850 c ZPO

USA und England. Nach einer Berechnung des W.W.I.[45] betrugen sie dort 2094 DM bzw. 2042 DM, legt man der Umrechnung das Kaufkraftverhältnis zugrunde. Der Vergleich mit der Bundesrepublik wird noch dadurch zu unseren Ungunsten beeinflußt, daß bei uns die Bedeutung der Verbrauchsteuern ungleich größer ist als in den angelsächsischen Ländern.

Aus alledem ergibt sich, daß die Einkommensteuer, bezieht man sie auf das "freie Einkommen" in den unteren Stufen, tatsächlich regressiv ist. Von ihr eine Kompensation der regressiven Verbrauchsteuern zu verlangen, ist insoweit also unsinnig[46].

c) Loop-holes und Progression

Bevor auf die Regressivität der Einkommensteuer infolge ihrer möglichen oder wahrscheinlichen Überwälzung eingegangen wird, soll die Frage erörtert werden, in wieweit der formal so steil progressive Tarif der Einkommensteuer in ihrer heutigen Form durch die zahlreichen Vergünstigungen modifiziert wird. Sollte es sich herausstellen, daß die hohen Steuersätze, vor allem die der Zeit vor und kurz nach der Währungsreform, bloß auf dem Papier standen, dann besteht die Progression eben insofern nur scheinbar.

Mit der Steigerung der Progression von maximal 40 % in den Jahren 1936 bis 1938 auf maximal 95 % 1946 und 80 % (Plafond) 1951/52 hätte, da gleichzeitig die Arbeitseinkommen (von 1936-38 bis 1952) auf nominell das 2,3-fache und die Unternehmereinkommen auf das 2,2-fache gestiegen sind[47], eine enorme Steigerung des Einkommens- und Körperschaftsteueraufkommens einhergehen müssen. In Wirklichkeit stieg das Lohnsteueraufkommen nur auf das 3,6-fache und das Aufkommen aus veranlagter Einkommensteuer und Körperschaftssteuer sogar nur auf das 2,7-fache. Schon bei Anwendung des Vorkriegstarifs käme man - wenn man bedenkt, daß die Bemessungsgrundlagen mehr als verdoppelt wurden -, zu höheren Steuererträgen als heute.

Wie kommt es zu dieser scheinbar paradoxen Situation? Sieht man einmal von illegalen Steuerverkürzungen ab, so ist diese Differenz des "Volkseinkommens nach der Sozialproduktrechnung" und der "Summe der Einkommen

45. PEHL, G., Die Steuerfreibeträge in den USA, in Großbritannien und in der Bundesrepublik, WWI Mitteilungen 1953, S. 174 f.
46. Vgl. auch SCHMÖLDERS, Organische Steuerreform S. 12 und S. 25 f.
47. Ifo-Schnelldienst 1953, Nr. 44

nach der Steuerstatistik" durch folgende Faktoren bedingt:
Die Werbungskosten und Sonderausgabenpauschale ist von je 200 RM[48] 1936 auf 312 DM bzw. 468 DM 1952 erhöht worden. Darüber hinaus hatten viele Arbeitnehmer auf ihrer Lohnsteuerkarte einen Freibetrag (für Flüchtlinge, Bombengeschädigte, Spätheimkehrer etc.) eingetragen. Das Ifo-Institut[49] berichtet von einem Betrieb, in dem bei einer Gehaltssumme von 33.000 DM Freibeträge in Höhe von 5.800 DM eingetragen waren. "Die gesamten zusätzlichen über den Pauschalbetrag hinausgehenden Abzugsbeträge sind, wenn auch nur unvollständig, bekannt: .... 32,7 % der statistisch erfaßten Steuerpflichtigen ließen Freibeträge in ihre Lohnsteuerkarte eintragen. Besonders beachtenswert ist dabei, daß sich nur die Lohngruppen bis 3000 DM Jahreslohn unter diesem Durchschnitt befinden, während alle andern darüber liegen, und zwar gleichmäßig ansteigend bis zu 84,7 % der Steuerpflichtigen einer Lohngruppe. Die Abzugsbeträge beliefen sich durchschnittlich auf 17,6 % des Bruttolohnes und 714,- DM je Fall; bei der untersten Lohngruppe 55,4 % und 557,- DM, bei der obersten 14,8 % und 3349,- DM. Bei Einkommen über 4500 DM bleibt der Anteil der Freibeträge am Bruttolohn mit etwa 15 % ziemlich konstant[50].

Ferner sind die freiwilligen sozialen Leistungen der Unternehmungen gestiegen. Diese vermindern zwar das steuerpflichtige Einkommen, nicht aber das Gesamteinkommen in der Sozialproduktrechnung.

In gleicher Richtung wirkten die Sonderabschreibungen 7 a, 7 b, 7 c, 7 d, 7 e EStG und 36 IHG; diesen Beträgen stand kein Aufwand gegenüber, so daß sie im Jahr der Inanspruchnahme den Gewinn z.T. wesentlich unter den tatsächlichen Wert drückten. Es handelt sich aber hier nur z.T. um eine echte Steuerersparnis; insofern nämlich als die Gewinne der nächsten Jahre jetzt höher sind als sie bei "normaler" Abschreibung sein würden, was zu entsprechend höheren Steuerzahlungen führt. Echte Steuerersparnis liegt insoweit vor, als der Tarif in diesen Jahren höher ist als in dem Jahr, in dem Sonderabschreibungen vorgenommen wurden. Im übrigen liegt nur ein "zinsloser Kredit des Finanzamtes" vor.

---

48. BLÜMICH-FALK, Einkommensteuergesetz, 7. Aufl., Berlin und Frankfurt 1955, S. 49. (Die Beträge gelten für Einkommen aus unselbständiger Arbeit)
49. Ifo-Schnelldienst 1953 Nr. 44
50. WAGNER, P.R., Einkommensumschichtung durch die Einnahmen der öffentlichen Hand, Kölner Diss. (Maschinenschrift) 1956, S. 62

Auch die Begünstigung gewisser Verwendungen, wie die Zuschüsse und Darlehn zur Finanzierung des Wohnungs- und Schiffsbaus und des Lastenausgleichs (§§ 7 c, 7 d, 7 b) des nichtentnommenen Gewinns (§ 10 a) und der Aufwendungen, der Beiträge zu Bausparkassen, Zahlungen auf Grund von Kapitalsansammlungsverträgen etc. (§ 10), trug zur Verminderung des steuerbaren Einkommens bei.

Welche Dimensionen die steuerbegünstigten Einkommensteile hatten, geht aus einer Tabelle hervor, die JECHT zusammengestellt hat[51)] (Tabellen S. 24/25).

Da man wohl annehmen kann, daß von den im Gesetz vorgesehenen Begünstigungen insbesondere die Bezieher mittlerer und vor allem hoher Einkommen Gebrauch gemacht haben, stand für diese die Progression mit ihren in der Spitze konfiskatorischen Sätzen nur auf dem Papier. Die zunächst unverständliche Diskrepanz zwischen erwartetem und tatsächlichem Aufkommen findet so ihre Erklärung. Wie hoch die tatsächliche (formale) Belastung angesichts dieser Steuerbegünstigungen, für die die Amerikaner den anschaulichen Ausdruck loop-holes verwenden, ist, läßt sich exakt nicht sagen und ist auch von Fall zu Fall verschieden, je nachdem in welchem Umfang der einzelne Zensit von diesen privilegierten Möglichkeiten der Verwendung seines Einkommens Gebrauch gemacht hat. Welche Dimensionen die Steuerbelastung nun tatsächlich hatte, wird deutlich aus der Tatsache, daß schon unter Anwendung der Vorkriegstarife (bis zu 40 %) ein höheres Aufkommen hätte erwartet werden müssen.

In der Tabelle von JECHT sind zwei Zahlen nicht enthalten, die sich auch jeglicher Schätzung entziehen, die aber gleichwohl in Betracht zu ziehen sind, wenn die Frage der Progression der Einkommensteuer beleuchtet wird: Es sind einmal die überhöhten, nur aus der konfiskatorisch hohen Spitzenbelastung zu verstehenden geradezu "produzierten" Unkosten und zum anderen die Privatausgaben, die mehr oder weniger legal unter den Betriebsausgaben erscheinen. Vor allem der letzte Punkt hat der Progression viel von ihrer Schärfe genommen. Wenn jemand 1952 tatsächlich ein Einkommen von 30.000 DM hatte, es aber verstand, die Kosten für ein Privatauto in Höhe von 5.000 DM und die Ausgaben für die Bewirtung von Freunden in Höhe von 1.000 DM als Unkosten zu verbuchen, die Ferientour

51. JECHT, H., Staatliche Wirtschaftspolitik und Einkommensverteilung, in Schriften des Vereins für Sozialpolitik N.F. Bd. 13

T a b e l l e 1

Steuerlich begünstigte Einkommensteile[x] der veranlagten Einkommensteuerpflichtigen und der Körperschaftssteuerpflichtigen 1949 - 1953

§§	Inhalt der Vergünstigungen	1949[1)a)] Mill. DM	1950[1)a)] Mill. DM	1952[2)] Mill. DM	1953[2)] Mill. DM
7 a	Bewertungsfreiheit für Ersatzbeschaffung beweglicher Wirtschaftsgüter	450,4	428,9	50,0	30,0
7 b	Erhöhte Absetzungen für Wohngebäude	38,2	69,4	600,0	650,0
7 c	Zuschüsse und unverzinsliche Darlehn zur Förderung des Wohnungsbaus	147,6	270,3	1.000,0	700,0
7 d	Bewertungsfreiheit für Schiffe; (ab 1952 auch § 7 d II: Darlehn für Schiffsbau)	10,8	47,9	450,0	450,0
7 e	Bewertungsfreiheit für Fabrikgebäude, Lagerhäuser, landwirtschaftliche Betriebsgebäude	46,8	77,8	-	-
7 f	Zuschüsse und Darlehn zum LAG	-	-	-	157,0[a)]
10,1	Aufwendungen für folgende Zwecke: Beiträge zu Kranken- und Lebensversicherung; Beiträge an Bausparkassen; Erwerb von Anteilen an Bau- und Wohnungsgenossenschaften; Kapitalansammlungsverträge; Förderung gemeinnütziger Zwecke[3)]	420,0[4)]	669,6	1.300,0	1.450,0
10 a	(= § 10,I,3 EStG 1949) Steuerbegünstigung des nicht entnommenen Gewinns	332,3	500,3	-	-
32 a	Anwendung des Kö.-St.-Tarifs	286,1	100,0[4)]	-	-
36	Investitionshilfegesetz	-	-	600,0	?
	Summe der steuerbegünstigten Einkommensteile	1.732,2	2.164,2	4.000,0	3.457,0

Tabelle 2

Anteile der steuerbegünstigten Einkommensteile am Einkommen

		1949 1)a)	1950 1)a)	1952 2)	1953 2)
1	Summe der steuerbegünstigten Einkommensteile	1.732,2	2.164,2	4.000,0	3.457,0
2	Summe der steuerpflichtigen Einkommen (natürliche und juristische Personen)	15.303,7	19.277,7	-	-
3	Steuerbegünstigte Einkommensteile in vH der Summe der steuerpflichtigen Einkommen (1 : 2)	11,3 %	11,3 %	-	-
4	Veranlagte Einkommen ./. veranlagte Einkünfte aus unselbständiger Arbeit	14.048,9	17.472,2	-	-
5	Steuerbegünstigte Einkommensteile in vH der veranlagten Einkommen ./. veranlagte Einkünfte unselbständiger Arbeit (1 : 4)	12,3 %	12,4 %	-	-
6	Bruttoeinkommen der Selbständigen nach volksw. Gesamtrechnung (Mrd.DM)	23,1	27,0	38,1	37,4
7	Steuerbegünstigte Einkommensteile in vH der Brutto-Einkommen der Selbständigen (1 : 6)	7,4 %	8,0 %	10,5 %	9,2 %

Die Anmerkungen beziehen sich auf die Tabellen-Seiten

x) Ohne Berücksichtigung der Steuerfluchtausgaben und Steuerhinterziehungen
a) Ist-Aufkommen
1) Quelle: Statistik der BRD, Band 125, S. 35, 36, 39, 66, 67
2) Schätzungen unter Berücksichtigung der Untersuchungen des Ifo-Instituts, des WWI sowie der Steuerschätzungen des BFM
3) Unter Ausschluß der Pauschbeträge
4) Geschätzt unter Zugrundelegung der Ergebnisse der Einkommensteuerveranlagung 1949, resp. 1950

von 2.000 DM als Geschäftsreise zu deklarieren, den Mietwert der Wohnung im eigenen Hause um 2.000 DM niedriger anzusetzen, als sich bei anderweitiger Vermietung des Hauses ergäbe, dann hat er (1952, Steuerklasse III) seine Einkommensteuer von 11.565 DM = 38,5 % auf 6.630 DM = 22 % gesenkt.

Daß diese Erscheinung lediglich formal hoher Einkommensteuern, die aber wegen zahlreicher Vergünstigungen nur auf dem Papier stehen, nicht auf Deutschland beschränkt ist, zeigen Parallelerscheinungen im Ausland. So wird von den USA berichtet[52]), daß 60 % des Einkommens ganz steuerfrei bleiben, 27 % einem Steuersatz von 20 % unterliegen und nur 13 % überhaupt unter den stark progressiv gestaffelten Tarif fallen. Es scheint tatsächlich so zu sein, daß bei Überschreiten einer gewissen Grenze das Schwert der Einkommensteuer stumpf wird. Die Amerikaner meinen, daß bei Sätzen über 50 % Arbeitsfreude, Investitions- und Risikobereitschaft so empfindlich sinken, daß die Nachteile die Vorteile bei weitem überwiegen. Da aber aus politischen Erwägungen heraus - Druck der Besatzungsmächte in Deutschland nach 1945 oder Rücksichten auf die Tarifoptik[53]) - eine weitergehende Progression geboten erscheint, schafft man, oder schafft sich die Wirtschaft selbst in der oben bezeichneten Weise eine Erleichterung, die aber letztlich zu mehr oder weniger großen Ungerechtigkeiten führen kann. In Erkenntnis dieser Tatsache ist der Tarif in der Bundesrepublik sukzessiv gesenkt und die Vergünstigungen in gewissem Umfang abgebaut worden. Aber auch heute noch beträgt die Spitzenprogression 66 %, wenn man die wie eine Einkommensteuer erhobene Kirchensteuer einrechnet.

d) Überwälzung und Progression

Neben der Milderung der Progression durch die sogenannten loop-holes kann vor allem eine Überwälzung der Einkommensteuer zu einer Verringerung der effektiven Belastung durch die Einkommensteuer beitragen. Wenn man bedenkt, daß die Spitzeneinkommen im wesentlichen aus Unternehmergewinnen bestehen, bei deren Besteuerung - gleich in welcher Form - von vielen eine mehr oder weniger große Überwälzungsmöglichkeit angenommen

---

52. RIECKENBERG, J., Wachstums- und konjunkturgerechte Finanzpolitik, in: Beihefte der Konjunkturpolitik, Heft 2, S. 89
53. Auf die optischen Wirkungen weist vor allem COLM, ein führender Wirtschaftler der USA, hin. COLM, G., Don't through the Baby out with the Bath, in F.A., N.F. Bd. 14, S. 525 ff.

wird, so erscheint die Einkommensteuer realiter weit weniger progressiv als es bei Betrachtung des Tarifs aussehen mag. FÖHL[54)] geht sogar so weit zu behaupten, daß die Progression die steile Spitze der Einkommenspyramide geradezu erst erzeuge.

Es genügt also nicht, nur die Steuerzahllasten zu untersuchen, letztlich entscheidend sind die Steuertraglasten. Das wirft die ganze Problematik der Steuerüberwälzung auf. Was soll man unter diesem Begriff verstehen?

Soll man darunter mit KAIZL[55)] nur "die im Wege des privaten Tauschverkehrs erfolgende Übertragung einer gegenwärtigen oder zukünftigen Steuerlast seitens eines Steuerzahlers auf andere" verstehen, oder soll man sich mit BLACK der nach seiner Meinung klassischen Definition anschließen, die unter Inzidenz als dem Ergebnis des Überwälzungsprozesses "the economic consequences produced by a tax after the laps of a long period" versteht[56)]?

Die Frage braucht hier nicht entschieden zu werden, da es nicht Ziel dieser Arbeit ist, die Terminologie in der Überwälzungs- und Steuerwirkungslehre auf ihre Logik und Zweckmäßigkeit zu untersuchen. Wenn man wie der COLWYN Report[57)], den Überwälzungsbegriff eng faßt, dann ist natürlich eine Aussage über die Einflüsse, die von einer Steuer ausgehen, unvollständig, wenn man nicht auch alle die Wirkungen (Steuerfernwirkungen, Steuerwirkungen 2. Grades, Signalwirkungen) in die Betrachtung einbezieht, die mit der unmittelbaren Erhöhung der Preise infolge Auferlegung einer Steuer nichts zu tun haben. In neuerer Zeit ist deshalb der Vorschlag gemacht[58)], statt von Überwälzungslehre besser von Steuerwirkungslehre zu sprechen. Aus der Untersuchung der Überwälzung in dem oben genannten engen Sinn wird dann eine Untersuchung darüber, wie durch die Einführung, Änderung oder Aufhebung einer Steuer

---

54. FÖHL, C., Kritik der progressiven Einkommensbesteuerung, in: F.A. NF Bd. 14, S. 102 ff.
55. KAIZL, J., Die Lehre von der Überwälzung der Steuern, Leipzig 1882, S. 75
56. BLACK, D., The Incidence of Income Taxes, London 1939, S. 32
57. Report of the Committee on National Dept and Taxation (Colwyn Report), London 1927
58. NEUMARK, F., a.a.O., S. 148
RECKTENWALD, H.C., Zur Lehre von der Steuerüberwälzung und den Steuerwirkungen, in F.A. NF Bd. 13, S. 291 ff.

sich die relativen Anteile der einzelnen Einkommensbezieher am Sozialprodukt und die absolute Höhe dieser Anteile verändert haben.

Man kann, wenn man über die Überwälzung einer Steuer irgendwelche Aussagen machen will, dabei grundsätzlich auf zwei verschiedenen Wegen vorgehen, nämlich einmal, indem man die kosten- und preistheoretischen Reaktionen untersucht und sich die Frage vorlegt, wie die Preise durch die Auferlegung der Steuer variiert werden, - ein solches Verfahren könnte man mikroökonomisch nennen[59) -, oder aber man geht von Gesamtgrößen wie Volkseinkommen, Gewinn, Konsum, Ersparnis etc. aus und untersucht die globalen Veränderungen dieser Größen, macht also eine makroökonomische Analyse.

Die nach der ersten Methode in den letzten Jahrzehnten angestellten Untersuchungen kamen zu den unterschiedlichsten Ergebnissen. Vor allem in früheren Jahren war die Überzeugung verbreitet, von einer nennenswerten Überwälzung der Einkommensteuer könne nicht die Rede sein. Insbesondere WAGNER[60)] war dieser Meinung und gerade deshalb befürwortete er eine progressive Einkommensteuer, von der sich der Zensit nicht entlasten könne, als Ausgleich für das regressive Verbrauchssteuersystem[61)]. Er hielt es zwar nicht für unmöglich, daß auch hier gelegentlich eine Überwälzung vorkomme, glaubte aber, daß das nicht der Regelfall sei[62)]. Auch SELIGMAN[63)], der als erster eine systematische Darstellung der Überwälzungsfragen gab, war dieser Meinung. In neuerer Zeit wird diese These vor allem von NEUMARK[64)] vertreten.

Seit den 20er Jahren gewinnt allerdings die Gegenmeinung an Boden. Während MANN[65)] zumindest einen gewissen "Bodensatz", nämlich die den "Grenzbetrieben" auferlegte Steuer für überwälzbar hielt, glaubte POPITZ[66)], daß unter günstigen Umständen sogar die höchsten Sätze der

---

59. HÄUSER, K., und RICHTER, R., Zum Problem der Einkommensteuerüberwälzung, in F.A. NF S. 265
60. WAGNER, A., Finanzwissenschaft, 2. Teil, insbesondere S. 371 ff.
61. ders., a.a.O., S. 656 f.
62. ders., a.a.O., S. 35 ff.
63. SELIGMAN, E.R.A., Die Lehre von der Steuerüberwälzung, Jena 1927
64. NEUMARK, a.a.O., S. 193 ff.
65. MANN, F.K., Die Überwälzbarkeit des Einkommen-, Vermögen-, Vermögenzuwachs- und Erbschaftsteuer in "Kapitalbildung und Steuersystem" Bd. II Berlin 1930, S. 329
66. POPITZ, J., Stichwort Einkommensteuer, in Handwörterbuch der Staatswissenschaft, 4. Aufl., Jena 1926

Einkommensteuer überwälzt werden könnten. Was richtig ist, läßt sich zwingend wohl nie beweisen, denn nur selten wird einwandfrei ermittelt werden können, ob eine auf die Einführung der Steuer folgende Einkommenserhöhung durch keine anderen Einflüsse herbeigeführt wird[67]. Hinzu kommt, daß die Überwälzungschance in den verschiedenen Phasen der Konjunktur ganz unterschiedlich ist: Sie ist am günstigsten in der Hochkonjunktur und am schlechtesten in der Krise. Wegen der seit Kriegsende andauernden guten Konjunkturlage, die nur von kleinen "recessions" unterbrochen wurde, haben deshalb im letzten Jahrzehnt für die Überwälzung günstige Verhältnisse geherrscht[68].

Eine sehr kurze und anschauliche Darstellung der Gründe für die Nichtüberwälzbarkeit der Einkommensteuer gibt SELIGMAN[69]. Er schreibt: "Der Preis wird bestimmt durch den Grenz- oder gewinnlosen Betrieb. Dieser Betrieb macht keine Gewinne und zahlt daher keine Einkommensteuer. Da er keine Einkommensteuer zahlt, ist seine Position von der Steuer unberührt. Der Preis ist daher von der Steuer unbeeinflußt. Das bedeutet: Obgleich eine allgemeine Einkommensteuer auferlegt wird, bleibt dadurch das Preisgefüge unbeeinflußt."

Gegen diese Beweisführung, vor allem aber gegen das Ergebnis sind im Laufe der Zeit eine Anzahl von Argumenten angeführt worden, von denen zwar keines, für sich allein genommen, zur Widerlegung der These von der Nichtüberwälzbarkeit der Einkommensteuer hinreichen dürfte, die aber doch in ihrer Gesamtheit den Schluß zulassen, daß diese These, die seit einem Jahrhundert das Feld steuerpolitischer Auseinandersetzungen beherrscht, bis zu einem gewissen Grade falsch ist.

Zunächst ist letztlich jeder Betrieb in gewissem Sinne ein Grenzbetrieb, denn jeder produziert - das Streben nach Gewinnmaximierung und eine von irgendeinem Punkt an steigende Grenzkostenkurve unterstellt - bis zu dem Punkt, an dem Grenzkosten und Erlös gleich sind. Dieses Argument würde SELIGMANs Theorie allerdings noch nicht erschüttern, denn die Einkommensteuer würde ja diese Grenzkosten unberührt lassen.

Dagegen wiegt schwerer die Behauptung, daß diese Theorie des gewinnlosen, preisbestimmenden Grenzbetriebes der Wirklichkeit recht wenig

67. MANN, F.A., a.a.O., S. 330 f.
68. Darauf weist auch COLM, a.a.O., S. 525 ff. hin
69. SELIGMAN, Income Taxes and Price Level, Appendix XII zum COLWYN Report, S. 121

entspricht. Ein Markt, auf dem vollständige Konkurrenz herrscht, ist schon wegen der nur selten vorkommenden Homogenität der Güter und der mangelhaften Markttransparenz wenig realistisch. Aber nur auf einem solchen Markt ist die Konstruktion des gewinnlosen Grenzbetriebes, der den Preis bestimmt, logisch und sinnvoll.

Davon abgesehen sprechen auch die großen Schwierigkeiten, die sich bei der Neugründung einer Unternehmung ergeben, gegen die Theorie vom preisbildenden Grenzbetrieb. Neben dem Problem der Kreditbeschaffung, das ohne die Sicherheiten, die nur ein schon existierender Betrieb aufbringen kann, kaum zu lösen ist, bestehen viele andere Schwierigkeiten, wie z.B. die Anwerbung von Arbeitskräften auf einem schon "abgegrasten" Arbeitsmarkt. Nicht zuletzt ist gerade die Einkommen- und Gewinnbesteuerung ein Hemmschuh für die Neugründung von Unternehmen, denn viele Vergünstigungen (7er-Gruppe, 36 JHG, 10 a und 10 d) kommen im wesentlichen nur den schon bestehenden Unternehmungen zugute.

Gegen die Argumentation SELIGMANs spricht ferner, daß der betriebswirtschaftliche Gewinn mit dem steuerlichen nicht übereinstimmt; häufig werden betriebswirtschaftlich richtige Wertansätze, Abschreibungen und Rückstellungen (so z.B. solche für unterlassene Reparaturen) steuerlich nicht anerkannt[70]. Man denke an die dauernden Klagen über die Besteuerung von Scheingewinnen, die in Wirklichkeit zu einer Substanzbesteuerung wird. Differenzen zwischen betriebswirtschaftlich richtigen und zu versteuernden Gewinnen ergeben sich darüber hinaus durch die Schätzungen nach Richtsätzen und Pauschalierungen, vor allem bei kleineren Gewerbetreibenden und in der Landwirtschaft, wo 70 %[71] der landwirtschaftlich genutzten Fläche im Besitz nichtbuchführender Bauern sind. Wie wenig hier tatsächliches und versteuertes Einkommen zusammenfallen, zeigt schon die Tatsache, daß 1950 die Wertschöpfung der Landwirtschaft 10 % des Sozialproduktes = 8 Mrd ausmachte und sie hiervon nur 1 % = 80 Mill. Einkommensteuer zahlte.

Bei der SELIGMANschen Deduktion wird zudem den Unternehmern stillschweigend eine Kalkulation unterstellt, gegen die sich aus den Erfahrungen des Wirtschaftslebens gewichtige Einwände erheben lassen. Wird versucht,

---

70. SCHMÖLDERS, G., Organische Steuerreform, Berlin und Frankfurt a.M., 1953, S. 52 f.
71. ders., a.a.O., S. 15 f.

den Unternehmern durch Einführung oder Erhöhung einer gewinnabhängigen Steuer einen Teil ihrer bisher erzielten Gewinne wegzusteuern, dann reagieren sie darauf weitgehend gleichartig. Im Laufe von Jahrhunderten haben sich ganz bestimmte Vorstellungen darüber herausgebildet, was "man" zu einer "angemessenen Lebenshaltung" braucht. Diese Vorstellung ist "ein strukturierter Komplex der Normen", nach denen sich die Konsumtion der Menschen auszurichten hat. In ihr ist sowohl quantitativ als auch qualitativ festgelegt, was konsumiert werden darf. Die Gruppe erzwingt die Einhaltung der in ihrer Lebenshaltung enthaltenen Normen mit unbarmherziger Strenge"[72)]. "Hiermit erscheinen die Preiswirkungen auch der gewinnabhängigen Steuern als erwiesen, eine Feststellung, die (auch) dem Bewußtsein der Praxis entspricht"[73)]. So sagte der als Zeuge[74)] vor das COLWYN-Committee geladene Mr. TREDWEN von der London Chamber of Commerce, daß ein Kaufmann bei seiner Preisfixierung zu seinen Kosten schlägt "a margin of profit for himself, and of course it is his profit that is subject to the direct Income Tax, and if he wants to get a sufficient reward for his own exertions, he must put on an addition to his price sufficient to cover the profit to the government as well as the profit to himself"[75)]. Die Association of British Chambers of Commerce führte aus: "Although theoretically Income Tax ist levied on profits, when a trader endeavours to asvertain his costs with a view of fixing prices, he often takes into account, at least indirectly, the amount of Income Tax he will have to pay, and, if the market conditions permit, fixes his prices at such a level as would yield to him the minimum income he desires to obtain ar actually needs"[76)]. In gleicher oder doch ähnlicher Weise äußerten sich alle Zeugen, die man gemeinhin als "Praktiker" bezeichnet.

Diese Stellungnahmen zur Überwälzbarkeit, die hier von Sachkennern des Wirtschaftslebens abgegeben wurden, verdienen deshalb große Beachtung, weil das Ergebnis einer Steuer ja letztlich weitestgehend von den Reaktionen der Zensiten abhängt. Das theoretische Modell, das von anderen

72. REICHMAN, Ch., von: Abhängigkeit und Selbständigkeit in der Konsumwirtschaft, zitiert nach KLÖSGES, E., Die Steuerlawine. Finanzwissenschaftl. Forschungsarbeiten N.F. H. 1, S. 25
73. KLÖSGES, E., a.a.O., S. 26
74. engl. Wilness
75. COLWYN-Report, S. 108
76. COLWYN-Report, S. 108

Verhaltensweisen ausgeht, ist damit zwar in sich logisch, aber wegen der Irrealität der Prämissen doch - z.T. - falsch.

In besonderen Fällen wird auch von NEUMARK[77], der grundsätzlich an der Nichtüberwälzbarkeit der Einkommensteuer festhält, eine Preiserhöhung als Folge der Steuer für möglich gehalten, nämlich in "Fällen, in denen ein Pflichtiger erst unter dem Druck einer (hohen) Steuer dazu gebracht wird, an sich schon vorher bestehende, aber infolge ökonomisch nicht rationalen Verhaltens unausgenutzte Preiserhöhungsmöglichkeiten zu realisieren".

Gegen die Überwälzbarkeit der Einkommensteuer ist eingewandt worden, daß sie schon wegen der schwierigen Vorausberechnung der Steuerschuld sehr erschwert sei, denn erstens könne die Bemessungsgrundlage erst am Schluß des Geschäftsjahres ermittelt werden, wenn längst alle Kalkulationen abgeschlossen seien und zweitens erschwere auch Progressivität des Tarifs eine Berechnung im voraus. Das erste Problem taucht auch bei der Gewerbeetragsteuer auf; für sie aber heißt es in den RPÖ (Nr. 19,4[78]): "Die Gewerbesteuer gehört, auch soweit sie vom Gewinn abhängig ist, zu den Kosten". Auch bei anderen Kostenbestandteilen, wie z.B. den Fixkosten pro Stück, ist eine Schätzung notwendig. Für die Einkommensteuer dürfte das ebenfalls möglich sein, insbesondere, wenn man bedenkt, daß die Vorauszahlungen einen - wenn auch bloß ungefähren - Anhaltspunkt geben.

Erst in neuerer Zeit hat man eingehende Untersuchungen angestellt, welchen Einfluß die Tatsache der Wiederverausgabung der Steuern auf die Überwälzung hat[79], denn sieht man von staatlicher Hortung einmal ab, so bedeutet die Steuervereinnahmung ja keinen endgültigen Entzug von Kaufkraft, sondern bloß eine Umlenkung. Diese Tatsache allein würde allerdings die Gesamtnachfrage noch nicht ändern, da nur Verschiebungen von einer Branche zur anderen möglich wären. In nicht seltenen Fällen aber wird die Einkommensteuer durch Kreditaufnahme bezahlt, was zu einer Steigerung des Nachfragevolumens führt, so daß Preissteigerungen auch insgesamt möglich sind.

77. NEUMARK, F., a.a.O., S. 164
78. zitiert nach KLÖSGES, E., a.a.O., S. 34 f
79. Vgl. FÖHL, C., "Kritik der progressiven Einkommensbesteuerung", in: F.A. NF Bd. 14

Wie groß diese Preissteigerungen im einzelnen sind und inwieweit dadurch eine Überwälzung der Einkommensteuer möglich ist, hängt ab von der Elastizität von Angebot und Nachfrage in den einzelnen Branchen. Der englische Finanzwissenschaftler DALTON stellte fest: "The direct money burden of a tax imposed on any objects is divided between the buyers and sellers in the proportion of the elasticity of supply of the object taxed to the elasticity of demand for it"[80]. Man wird diese Feststellung auch auf die Einkommensteuer übertragen dürfen, die ja letztlich jeder Produzent, will er die Steuer überwälzen, irgendeinem Gut zuschlagen muß.

Welche bedenklichen Schlußfolgerungen sich hieraus ergeben, wird klar, wenn man bedenkt, daß gerade die Nachfrage nach Gütern des notwendigsten Lebensbedarfs (Brot, Kartoffeln etc.) besonders unelastisch, ja z.T. völlig starr ist. Wenn die Einkommensteuer vornehmlich auf die Käufer dieser Güter überwälzt wird, so wird aus der gewollten Progression eine sehr unerwünschte Regression.

In diesem Zusammenhang sind auch die Konsequenzen zu erwähnen, die die in allen modernen Volkswirtschaften seit langem festzustellende langsame Geldentwertung hat. "Diese leicht inflatorische Tendenz, die keineswegs alsbald zur Währungszerrüttung und Devalation auszuarten braucht, erleichtert die Steuerüberwälzung in den vorherrschenden Perioden der Geldflüssigkeit und langsamen Preissteigerung"[81].

Über die Überwälzungsmöglichkeiten, die ein monopolistischer Anbieter in bezug auf die Einkommensteuer hat, gehen die Meinungen ebenso auseinander wie beim Unternehmen im Wettbewerb. Auch für den Monopolisten wird von vielen jede Überwälzungschance grundsätzlich verneint[82]; da sich der Preis aus Schnittpunkt von Grenzkosten- und Grenzertragskurve ergäbe, die beide unberührt blieben, sei eine Preisänderung - rationales Verhalten vorausgesetzt - nicht möglich. Auch gegen diese Argumentation treffen im wesentlichen die oben angeführten Gründe zu. Insbesondere ist die mögliche Änderung der Nachfrage - und damit auch der Grenzerlöskurve infolge Umschichtung und/oder Vergrößerung der Gesamtnachfrage von Bedeutung.

80. DALTON, H., Principles of Public Finance, London 1923, S. 55
81. SCHMÖLDERS, G., Organische Steuerreform, S. 3
82. NEUMARK, F., a.a.O., S. 162
    COLWYN-Report §§ 300 - 304

Nach einer ganz anderen Methode als der hier angewandten ist in den letzten Jahren vor allem von FÖHL[83)] die Überwälzungsmöglichkeit bei der Einkommensteuer von neuem geprüft worden. FÖHL versuchte - anders als die herkömmliche Überwälzungslehre - das Problem zu lösen, indem er den Einfluß der Einkommensbesteuerung auf die Gesamtgrößen Volkseinkommen, Gewinne, Konsum, Ersparnisse etc. untersuchte. Mit dieser Methode glaubte er, den Beweis dafür erbringen zu können, daß eine Gewinnsteuer und damit auch die Einkommensteuer, soweit sie Gewinne erfasse, völlig überwälzt werden könne.

FÖHL veranschaulicht seine Darstellungen an Hand von Kreislaufschemata, in denen er zeigt, daß die im Produktionsprozeß entstehenden Einkommen der Produktionsfaktoren zum geringen Teil gespart, zum größeren aber zur Nachfrage von Konsumgütern verwandt werden, daß hierzu noch die Nachfrage der vom Staat mit Mitteln ausgestatteten Personen tritt und daß diese beiden Größen zusammen mit dem Konsum der Unternehmer die Gesamtkonsumnachfrage bilden. Wird nun eine Steuer von den Produktionsfaktoren erhoben, so steigt die Nachfrage nicht, wohl aber, wenn Kostensteuern oder Steuern auf den Geschäftsgewinn erhoben werden. Dann wird die Gesamtkonsumnachfrage nach der Wiederverausgabung der Steuern um deren Betrag erhöht und in der zweiten Alternative auch der Unternehmergewinn, und zwar genau um den Betrag der Gewinnsteuer.

Dieses Ergebnis ist aber nur dann richtig, wenn man ganz bestimmte Prämissen setzt. Ob man ihm irgendwelche Aussagekraft beimessen kann, hängt also von dem Grad der Wirklichkeitsnähe dieser Voraussetzungen ab. FÖHL nimmt an, daß die Verbrauchsausgaben der Unternehmer unbeeinflußt von der Besteuerung konstant bleiben, daß die Investitionen gleich hoch bleiben, daß das Sozialprodukt sich nicht verändert, daß Vollbeschäftigung herrscht, daß Preissteigerungen nicht auch Lohnsteigerungen induzieren, daß der Staat alle Einnahmen gleich wieder ausgibt, und zwar nicht in Form von Produktionskrediten oder zur Schuldenrückzahlung, und daß - last not least - die Unternehmer zur Steuerzahlung Kredit aufnehmen.

Es nimmt nicht wunder, daß bei einer solchen Vielzahl von - teils recht willkürlichen - Prämissen sich gegen ein derart vereinfachtes Modell

---

83. FÖHL, C., Kritik der progressiven Einkommensbesteuerung, F.A. NF Bd. 4, S. 88 ff.

und die daraus gezogenen Schlußfolgerungen, nämlich die Beseitigung jeglicher progressiven Einkommensteuer[84)], lebhafter Widerspruch erhob[85)].

Vor allem wurde die Voraussetzung, die Unternehmer könnten jederzeit zur Steuerzahlung Kredit aufnehmen, infrage gestellt, denn das könne die Notenbank durchaus verhindern oder doch einschränken. Zudem hänge die Kreditnachfrage von den Erwartungen der Unternehmer ab, die außer durch Besteuerung auch noch durch verschiedene andere Faktoren wie Konjunkturlage, politische Verhältnisse etc. beeinflußt werde[86)].

Auch die Vorstellung, daß die Investitionen von Art und Höhe der Besteuerung unabhängig sind, ist wenig real, denn die Investitionsbereitschaft hängt weitgehend ab von den Erwartungen, die ihrerseits von der Besteuerung beeinflußt werden.

Aber selbst wenn man die Prämissen einmal als gegeben annimmt, ist FÖHLs Beweisführung nicht geeignet, die Progression als solche ad absurdum zu führen, denn die generelle Überwälzbarkeit der Gewinnsteuern beweist noch nicht die volle Überwälzungsmöglichkeit bei jedem einzelnen Unternehmer. Richtig müßte also der Schluß heißen: Gewinnsteuern erhöhen das Plateau der Unternehmergewinne, bewirken aber eine Nivellierung auf diesem[87)].

---

84. FÖHL, a.a.O., S. 108
85. Vgl. RÜSTOW, H.J., Gewinnbesteuerung und Einkommensverteilung, F.A. NF Bd. 14, S. 360 ff.
    STUCKEN, R. und EHRLICHER, W., Zur Frage der Überwälzung der Unternehmensteuern, F.A. NF Bd. 14, S. 367 ff.
    COLM, G., Don't Throw the Baby Out With the Bath" F.A. NF Bd. 14, S. 525 ff.
    NEISSER, H., Kreislauftheoretisches zur Gewinnsteuer, F.A. NF Bd. 14, S. 687 ff.
    KRELLE, W., Zur Wirkung der progressiven Einkommensteuer, F.A. NF Bd. 16, S. 22 ff.
    ALBERS, W., Preisliche Wirkungen der Besteuerung, F.A. NF Bd. 16, S. 227 ff.
    HÄUSER, K. und RICHTER, R., Zum Problem der Einkommensteuerüberwälzung, F.A. NF Bd. 16, S. 258
    RECKTENWALD, H.C., Bedeutung, Grenzen und neuere Entwicklung der Steuerüberwälzungslehre, F.A. NF Bd. 16, S. 274 ff.
    FÖHL, C., Das Steuerparadoxon, F.A. NF Bd. 17, S. 1 ff.
86. ALBERS, a.a.O., S. 250 f.
87. RÜSTOW, H.J., Gewinnbesteuerung und Einkommensverteilung, in F.A. NF Bd. 14, S. 365

Ein weiteres Bedenken gegen FÖHLs Argumentation und seine Schlußfolgerungen (in dem Aufsatz: "Kritik der progressiven Einkommensbesteuerung") besteht darin, daß seine Betrachtungsweise statisch ist und vor allem darin, daß er von einer stationären Wirtschaft ausgeht, d.h. insbesondere das (reale) Sozialprodukt für konstant hält.

Bei einer solchen Annahme ist - abgesehen von anderen Erleichterungen - vor allem auch die Frage, was überhaupt Steuerüberwälzung ist, relativ einfach zu lösen. Erhebt der Staat in solchem Falle eine zusätzliche Gewinnsteuer, dann hat man nur zu fragen, ob der Anteil des einzelnen Unternehmers wie auch der Unternehmer in ihrer Gesamtheit am Sozialprodukt der gleiche geblieben ist. Das schließt allerdings nicht aus, daß der nominelle Gewinn wegen der Geldentwertung steigt[88]. Diese letzte Tatsache hat FÖHL in seiner "Kritik der progressiven Einkommensteuer" zunächst übersehen.

Schwieriger ist die Frage für den Fall zu beantworten, daß die eingeführte Gewinnbesteuerung zu einer Änderung des Sozialproduktes führt. Was soll man hier vergleichen? Man kann die Anteile am alten Sozialprodukt in Beziehung setzen

a) zu den tatsächlichen Anteilen und

b) zu den hypothetischen Anteilen am neuen Sozialprodukt, die sich unter Zugrundelegung der alten Steuersätze ergäben[89],

oder man kann die realen Größen (Gewinn und Faktoreneinkommen) vor und nach Einführung oder Änderung der Steuer vergleichen. Sollte die Steuererhebung zu einer Beschäftigungssteigerung und Sozialproduktsmehrung geführt haben, dann könnte man unter besonders günstigen Umständen bei der letzten Vergleichsmethode sogar zu dem Ergebnis kommen, daß niemand durch die Steuer "belastet" sei. Diese Überlegung zeigt, daß der Begriff der Steuerüberwälzung nur bei einer ceteris-paribus-Analyse ganz eindeutig ist.

Die makroökonomische Beweisführung scheint nach alledem wenig geeignet, die Diskussion über die Überwälzung einer progressiven Einkommensteuer wesentlich weiterzubringen. Es bleibt also nur die zwar mühsame und im Ergebnis auch notwendigerweise fragmentarische Untersuchung über den Einfluß der Einkommensbesteuerung auf die Preisbildung.

88. FÖHL, C., F.A. NF Bd. 14, S. 88 ff.
89. ders., F.A. NF Bd. 17, S. 26

Der breite Raum, der hier den Gewinnen gewidmet wurde, rechtfertigt sich daraus, daß der weitaus größte Teil der mit hohen Sätzen versteuerten Einkommen aus gewerblichen Gewinnen - zum geringen Teil auch aus Einkünften aus freiberuflicher Tätigkeit - herrührt. Gleichwohl bedarf auch die Frage der Überwälzung der Lohnsteuer besonderer Beachtung. Obwohl die Löhne nur in den seltensten Fällen in die höheren Stufen der Progression fallen, ist das Lohnsteueraufkommen wegen der relativ großen Zahl der Zensiten heute sogar größer als das Aufkommen aus veranlagter Einkommensteuer[90].

Sehr einfach war die Frage für RICARDO. Nach seiner Meinung war der Lohn nicht höher als das Existenzminimum. Jede dem Arbeiter auferlegte finanzielle Last, also auch die Lohnsteuer, mußte also zu Lohnerhöhungen führen. Es ist durchaus möglich, daß diese Ansicht zu RICARDOs Zeiten der Wirklichkeit entsprach; heute dürfte diese Argumentation, wenigstens wenn man das Existenzminimum physisch versteht, nicht mehr zutreffen.

WAGNER[91] stellte dann Ende des 19. Jahrhunderts die Behauptung auf, daß es den Arbeitern wohl nicht gelingen dürfte, eine Lohnsteuer durch Lohnerhöhung zu kompensieren. Er wies auf die großen Schwierigkeiten hin, die sich für die Arbeitnehmerschaft bei der Durchsetzung ihrer Forderungen ergäben. "Theoretisch kann man zugeben, daß die richtig organisierten Arbeiter im Stande sind, auf ihren Lohn in gewissen Fällen und in bescheidenen Grenzen einen günstigen Einfluß auszuüben, praktisch will das nicht immer so viel, in der 'fallenden Konjunktur' oft wenig oder gar nichts bedeuten, weil eben die komplizierten Bedingungen für die Arbeiterorganisation und für die Durchsetzung der Wünsche der Arbeiter, zu schwer, zu selten zu erfüllen sind".

WAGNER konnte nicht ahnen, daß sich schon wenige Jahrzehnte später die Machtverhältnisse auf dem Arbeitsmarkt völlig wandelten. Heute spielen bei den Lohnverhandlungen die Angemessenheit der Nettolöhne eine bedeutende Rolle[92], zumindest wird ein gewisser Mindestsatz der Lohnsteuer, den alle zu zahlen haben, berücksichtigt. Bei den Arbeitern ist nur beachtlich, was sie an "reinem Geld" haben. Bei günstiger Lage

90. Kalenderjahr 1956 Lohnsteuer 5,4 Mrd. veranlagte Einkommensteuern 4,7 Mrd.; Stat. Jahrbuch 1952, S. 432
91. WAGNER, A., Finanzwissenschaft, 2. Theil 2. Aufl., S. 677 ff.
92. FÖHL, C., F.A. NF Bd. 14, S. 93

auf dem Arbeitsmarkt ist also die Überwälzung eines gewissen Bodensatzes der Steuer durchaus anzunehmen.

Daß solche Überlegungen nicht reine Theorie sind, zeigen die Untersuchungen, die BARKOWSKI[93] über die Entwicklung der Reallöhne einiger Arbeitnehmergruppen (Buchdrucker, Bauarbeiter, Bankangestellte, Eisenbahnarbeiter und Reichsbeamte) angestellt hat. Er kam zu dem Schluß, daß in einigen Fällen Teil- und in anderen Vollüberwälzung vorgelegen habe. Daß ein solcher Beweis wirklich zwingend gar nicht aufgestellt werden kann, leuchtet ein, denn vielleicht hat die Steuer eine Reall hnsteigerung verhindert; dennoch spricht die Wahrscheinlichkeit dafür, daß die Ursache der (Nominal)-Lohnsteigerung die Auferlegung der Steuer war.

In neuerer Zeit bietet Frankreich ein Beispiel für die Zusammenhänge zwischen Lohnsteuer und Lohnhöhe. Als 1949 die Gewerkschaften energisch eine Lohnerhöhung forderten, hat man sie dadurch beschwichtigt, daß man die bis dahin bestehende Lohnsteuer in eine Lohnsummensteuer umgewandelt hat[94,95].

Aus dem Angeführten geht hervor, daß die Behauptung der Unüberwälzbarkeit der Einkommensteuer einer weitgehenden Revision bedarf. Damit fällt aber auch gleichzeitig die Behauptung, die Einkommensteuer sei wegen der progressiv gestaffelten Belastung der einzelnen Einkommensstufen ein ideales Instrument zur Verteilung der Steuerlast nach dem Grundsatz der Leistungsfähigkeit[96]. Auch die vielen loop-holes lassen diese Behauptung, die der Einkommensteuer einst den Titel "Königin der

93. BARKOWSKI, B., Die deutsche Lohnsteuer. Eine finanzwirtschaftliche Studie. Königsberger Diss. (ungedruckt) 1924 zit. nach MANN, a.a.O., S. 331
94. ALBERS, W., Die Einkommenbesteuerung in Frankreich seit dem ersten Weltkrieg. Kieler Studien Nr. 42, Kiel 1957
95. Eine eingehendere Auseinandersetzung mit den Fragen der Überwälzung kann hier unterbleiben, weil sie Thema einer folgenden Arbeit über "Wirtschaftsüberwälzung und Steuerüberwälzung" ist
96. Interessant ist in diesem Zusammenhang eine Feststellung im COLWYN-Report, der zwar grundsätzlich an der Nichtüberwälzbarkeit der Einkommensteuer festhält, der aber für den Fall, daß diese doch gelingen sollte, sehr treffend festgestellt: "if and so far the latter view is correct the income tax must abandon part of its chief claim to virtue as a method of taxation. However carefully graduated, it can no longer be said to satisfy the canon of ability to pay, of the burden is indiscriminately shifted: if this happens no one can tell how much tax he really suffers." (COLWYN-Report, S. 108)

Steuern" eingetragen hat, in recht zweifelhaftem Licht erscheinen. Die vorwiegend den Beziehern hoher Einkommen zugute kommenden Steuervergünstigungen und vor allem die verschieden großen Überwälzungschancen legen sogar die Vermutung nahe, daß die Einkommensteuertragung durchaus regressive Züge aufweisen kann.

Es erhebt sich deshalb die Frage, ob WAGNERs Postulat der Besteuerung nach sozialen Gesichtspunkten heute tatsächlich so gut erfüllt ist, wie es z.B. JECHT[97)] annimmt, oder ob es bessere Wege zur Verwirklichung dieser Forderung gibt. Vor allem ist zu prüfen, ob WAGNERs schlechte "Noten" für die Verbrauchssteuern heute noch berechtigt sind.

2. Die Körperschaftssteuer

Seit der MIQUELschen Steuerreform in den Jahren 1891 - 1893 unterliegen auch die juristischen Personen[98)] als solche einer gesonderten Besteuerung zunächst wurden sie nach den Sätzen der Einkommensteuer, d.h. also progressiv besteuert[99)]. Wohl in der Erkenntnis, daß die absolute Höhe der Gewinne kein Kriterium für die Leistungsfähigkeit sei - denn selbst eine mit relativ geringem Gewinn arbeitende große Gesellschaft kann einen größeren Gewinn haben als ein gut gehendes kleines Unternehmen - wurde mit Einführung eines besonderen (Reichs-) Körperschaftssteuergesetzes ein proportionaler Satz angewandt[100)]. Dieses Prinzip der proportionalen Steuer wurde dann bis heute - sieht man von den Jahren 1936 - 1948 ab - beibehalten. Die 1953 eingeführte Spaltung des Tarifs, die einen niedrigeren Satz für ausgeschüttete Gewinne brachte, kann wohl nicht als Progression bezeichnet werden, denn irgendeine überproportionale Steigerung des Tarifes bei steigendem Gewinn kann darin nicht erblickt werden.

Dagegen findet sich auch heute noch im Ausland eine progressive Staffelung des Körperschaftsteuersatzes[101)]. Während die USA - wie Preußen bis 1920 und dann das Deutsche Reich von 1936 - 1948 - einen nach der

97. JECHT, a.a.O., S. 136
98. Für die GmbH. gilt das erst seit 1907
99. Von der bei den Körperschaften 1920 - 1934 abzugsfähigen "Normaldividende" soll hier abgesehen werden
100. Eine zunächst noch erhobene progressiv-gestaffelte Zuschlagssteuer wurde 1924 aufgehoben
101. BICKEL, W., Stichwort Körperschaftsteuer, in Handwörterbuch der Sozialwissenschaften, Stuttgart, Tübingen, Göttingen 1957

absoluten Höhe des Gewinns gestaffelten Tarif haben (allerdings nur mit zwei Sätzen), hat die Schweiz sowohl im Bund als auch in den meisten Kantonen eine recht originelle Lösung gefunden[102]. Die Steuer ist entsprechend der Rentabilität des Unternehmens gestaffelt. Der Satz wird ermittelt nach der Formel

$$\text{Steuer} = \frac{\text{Gewinn}^2}{\text{Kapital}} k$$

Die Gefahr einer zu ungleichmäßigen Belastung wird durch Festsetzung von Mindest- und Höchstsätzen eingeschränkt. Damit das Kapital, zu dem neben dem Eigenkapital auch die Reserven zählen, nicht willkürlich erhöht wird, wird es einer besonderen Kapitalsteuer unterworfen.

Im Gegensatz zu der leicht zu beantwortenden Frage nach der Gestaltung des Tarifs ist die Frage nach der Belastung sehr schwierig zu beantworten. Von einer "Belastung" der juristischen Personen zu sprechen, hat natürlich keinen Sinn, denn letztlich können nur die Kapitaleigner oder - soweit die Überwälzung gelingt - entweder die Käufer der von den Kapitalgesellschaften erzeugten Produkte (Weiterwälzung) oder die Lieferanten (Rückwälzung) betroffen werden. Sofern überhaupt eine Überwälzung gelingt, scheint der erste Fall der wahrscheinlichere zu sein.

Es würde zu weit führen, alle die Argumente, die für und gegen die Überwälzungsmöglichkeit der Körperschaftsteuer vorgetragen wurden, darzustellen[103]. Man kann aber wohl sagen, daß die Mehrzahl aller Untersuchungen zu dem Ergebnis kommt, daß die Überwälzung weitgehend möglich sei. Auch NEUMARK, der für die Einkommensteuer grundsätzlich Nichtüberwälzung festgestellt, bemerkt, daß insofern die Verhältnisse bei der Körperschaftsteuer günstiger längen, als hier persönliche Differenzierungen nicht in Betracht kämen[104].

---

102. Eine ähnliche Regelung galt auch für die Zuschläge, die in Deutschland von 1920 - 1924 erhoben wurden
103. Vgl. hierzu insbesondere: BRÜCK, J., Die Körperschaftsteuer als Kostenfaktor, Finanzw. Forschungsarbeiten, Köln; KLÖSGES, E., Die Steuerlawine, Finanzw. Forschungsarbeiten, NF Nr. 1, Berlin 1953; SCHMÖLDERS, G., Organische Steuerreform, Berlin und Frankfurt/M. 1953; NEUMARK, F., Theorie und Praxis der modernen Einkommensbesteuerung, Bern 1947
104. NEUMARK, F., a.a.O., S. 160 f.

Für diese Annahme sprechen auch die statistischen Untersuchungen, die von KLÖSGES angestellt wurden. Sie ergaben, daß der "Reingewinn" der Gesellschaften (Gewinn nach Abzug der Körperschaftssteuer) von 1925 - 1939 durch die Verdoppelung des Steuersatzes nicht wesentlich beeinflußt wurden[105]. Natürlich kann man auch hier einwenden, daß die Steuer möglicherweise ein Ansteigen der Gewinne verhindert habe.

Diese Möglichkeit ist jedoch nicht sehr wahrscheinlich, denn in der Zeit der Rüstungskonjunktur nach 1936 waren die Gewinne durch die Preisstoppverordnung begrenzt, wenigstens sind sie nicht so stark gestiegen, wie es bei freier Preisbildung möglich gewesen wäre.

Auch der Gesetzgeber hat schon gelegentlich der Überwälzbarkeit der Körperschaftsteuer Rechnung getragen, insofern nämlich, als er 1938 im Rahmen der Leitsätze für die Ermittlung der Selbstkosten bei der Preisstellung für öffentliche Aufträge (LSÖ) die Körperschaftsteuer als Kalkulationsposten anerkannte. Selbst als diese Bestimmung 1942 aufgehoben wurde, bedeutete das wohl nur eine formelle, keine materielle Änderung der Kalkulation, da von nun an die Körperschaftsteuer nicht mehr offen in die Kalkulation eingestellt wurde, sondern nur der Gewinnsatz höher bemessen wurde als bei offenem Ausweis.

"Ein Beweis dafür, daß der Kostencharakter der Körperschaftsteuer in Steuerpolitik und -gesetzgebung ganz unbefangen anerkannt wird, ist die Heranziehung der Versorgungsunternehmen der öffentlichen Hand zur Körperschaftsteuer, die auf die Forderung zurückgeht, diesen Unternehmen, deren Gewinn ja ohnehin öffentlichen Kassen zufließt, im Wettbewerb mit den gemischtwirtschaftlichen und privaten Unternehmen gleicher Art keinen "Vorsprung" zu gewähren"[106].

Nimmt man also - was die Argumente nahelegen - eine Überwälzung der Körperschaftsteuer an, dann bedeutet das, daß hiermit die Verbraucher nach Maßgabe des Verbrauchs belastet werden.

3. Die Gewerbesteuer

Von den drei Gliedsteuern der Gewerbesteuer, der Lohnsummen-, Gewerbekapital- und Gewerbeertragsteuer, weist nur die letzte eine progressive

105. KLÖSGES, E., a.a.O., S. 21 ff.
106. SCHMÖLDERS, G., Organische Steuerreform, Berlin und Frankfurt 1953, S. 51

oder besser degressive Tarifgestaltung auf, wenn man einmal von der Freigrenze von 6.000,- DM bei der Gewerbekapitalsteuer und dem Freibetrag von 3.600 DM bei der Lohnsummensteuer, der bis zu 12.000 DM Lohnsumme gewährt wird, absieht.

Über die Steuertragung sagt der Tarif natürlich wenig aus. Aussagen darüber sind nur bei genauer Kenntnis der Überwälzungsvorgänge möglich. Daß die Gewerbesteuer grundsätzlich überwälzt wird, ist wohl allgemeine Meinung und ist auch in den RPÖ, in denen (wie auch in den LSÖ) Erkenntnisse der betrieblichen Steuerlehre ihren rechtlichen Niederschlag gefunden haben, anerkannt. Hier heißt es: "Die Gewerbesteuer gehört, auch soweit sie vom Gewinn abhängig ist, zu den Kosten"[107]. Sie belastet also den einzelnen nach Maßgabe des Verbrauchs.

III. Belastung durch Erbschaft- und Schenkungsteuer

Die Steuern, bei denen die Tarifgestaltung noch am ehesten Auskunft über die Belastung gibt, sind die Erbschaftsteuer und - als deren Folgesteuer - die Schenkungsteuer. "Die Erbschaftsteuer wird nach der im ganzen wohl herrschenden Meinung für unüberwälzbar gehalten"[108]. F.K. MANN will diese Aussage für die Nachlaßsteuer nicht gelten lassen, da hier die Nachlaßmasse als solche getroffen werde und der Erbe einen um den Steuerbetrag geminderten Anteil bekomme, die Steuer also auf ihn überwälzt werde[109]. Gegen diese Argumentation wendet sich v. MERING mit Recht[110], denn "die Nachlaßsteuer ist nichts anderes als eine besondere Form der Besteuerung der Erben. So wenig man eine vom Grundeigentümer gezahlte und getragene Grundsteuer deshalb als überwälzbar ansehen kann, weil nicht der Grund und Boden Steuerzahler sei, so wenig ist die Nachlaßsteuer deshalb überwälzbar, weil sie nicht vom Nachlaß, sondern vom Erben gezahlt wird"[111].

Auch die Erbanfallsteuer, wie wir sie in Deutschland kennen, hält MANN[112] für überwälzbar, denn der Erbe eines Rittergutes oder eines

107. RPÖ Nr. 19,4
KLÖSGES, E., a.a.O., S. 34 f.
108. MERING, O. v., Die Steuerüberwälzung, Jena 1928, S. 220 ff.
109. MANN, F.K., Artikel "Überwälzung der Steuer", im Handwörterbuch der Staatswissenschaften, 4. Aufl. 8. Bd., Jena 1928, S. 354
110. v. MERING, a.a.O., S. 221
111. v. MERING, a.a.O., S. 221
112. MANN, Artikel "Überwälzung der Steuer", a.a.O., S. 354 ff.

industriellen Betriebes könne die Löhne und Gehälter seiner Arbeiter und Angestellten kürzen, um so trotz der Zahlung der Erbschaftsteuer sein "standesgemäßes Auskommen" zu haben. Möglicherweise hat es solche Situationen im 19. Jahrhundert gegeben, heute aber dürfte angesichts der Stellung der Gewerkschaften eine solche Darstellung wenig wirklichkeitsnah sein. Gewisse Überwälzungschancen ergeben sich höchstens daraus, daß die Erbschaftsteuer entweder durch Zubilligung von Ratenzahlungen oder durch Prämienzahlungen auf Grund einer Erbschaftsteuerversicherung einer laufenden Vermögensteuer nicht unähnlich ist. Sollte das für die Wirtschaft typisch sein, so ist bis zu einem gewissen Grade ein Hereinholen im Preis wahrscheinlich.

Der eingangs ztitierte Satz von der Unüberwälzbarkeit der Erbschaftsteuer dürfte also im allgemeinen zutreffen. Damit ergibt sich erstmals die Möglichkeit, Tarif- und Belastungsprogression gleichzusetzen.

Der Tarif ist in fünf nach dem Verwandtschaftsgrad abgestuften Steuerklassen aufgeteilt. Die Spitzenprogression steigt von 15 % in Klasse I auf 60 % in Klasse V. Der Tarif allein gibt jedoch über die tatsächliche Belastung durch die Erbschaftsteuer ein völlig falsches Bild, denn die zugrundezulegenden Werte sind häufig nur ein Bruchteil des tatsächlichen Wertes. Für bebaute Grundstücke beträgt der Einheitswert, da er auf den 1.1.36 bezogen wird, nur 2/5 des heutigen Wertes. Für landwirtschaftliche Grundstücke ist das Mißverhältnis teils noch krasser. Die im Tarif vorgesehene maximale Belastung z.B. in Klasse I von 15 % beträgt also in Wirklichkeit nur etwa 7 - 10 %, je nach Zusammensetzung des Vermögens und auch das erst bei Erbschaften über 10 Mill DM.

Anders als in England, wo z.B. 1952/53 £ 183 Mill = 3 %[113] der Staatseinnahmen auf die Erbschaftsteuer entfielen, ist diese Steuer in Deutschland völlig bedeutungslos. 1956 betrug das Aufkommen nur 72,7 Mill DM = 0,15 %[114] des Gesamtsteueraufkommens.

Da die Erbschaftsteuer, wenn man ihre Sätze nicht zu sehr überspannt, nicht so negative, leistungshemmende Begleiterscheinungen hat, sollte man überlegen, ob nicht die Sätze der Erbschaftsteuer zugunsten der Einkommensteuer angezogen werden könnten.

113. Annual Abstract of Statistics 1956, S. 253 ff. (Staatseinnahmen einschl. kommunale Einnahmen)
114. Stat. Jahrb. 1957, S. 432 (Kassenmäßige Steuereinnahmen pro Kalenderjahr)

IV. Belastung durch Umsatz-, Verbrauch- und Aufwandsteuer

1. Progression und Regression in der Tarifgestaltung

Die Mehrzahl aller Umsatz-, Verbrauch- und Aufwandsteuern hat einen proportionalen Tarif. Durch Freibeträge, Staffelung nach der Qualität oder nach der Größe des Betriebes kommen allerdings manchmal progressive oder regressive Züge in den Tarif hinein.

Am deutlichsten zeigt sich das im Umsatzsteuertarif, wie er seit dem 1.10.56 gilt. Seither können Unternehmer, deren Gesamtumsatz 80.000 DM nicht übersteigt, 8.000 DM vom höchst besteuerten Umsatz abziehen (§ 7 a UStG). Um Härten zu vermeiden, fällt der Freibetrag bei Überschreiten der 80.000 DM-Grenze nicht sofort ganz fort, sondern vermindert sich um den über 80.000 DM hinausgehenden Betrag und entfällt erst bei 88.000 DM ganz (§ 57 a UStDB). Es ist nicht Aufgabe dieser Untersuchung, die Vor- und Nachteile einer solchen Regelung im einzelnen zu prüfen. Hier soll nur dargestellt werden, inwieweit der Tarif dadurch progressive Züge bekommt. Geht man von dem Normalsatz von 4 % aus, so ergibt sich folgende prozentuale Belastung des Umsatzes: (Vgl. Zeichnung S. 45). Die graphische Darstellung zeigt deutlich, daß die Umsatzsteuer bis 88.000 DM stark progresive Züge aufweist. Ins Auge fallend ist die starke Steigerung des Satzes bei Umsätzen zwischen 80.000 DM und 88.000 DM. Daß ein solcher Tarif leistungshemmend wirkt, liegt auf der Hand, wenn man bedenkt, daß praktisch innerhalb dieser Spanne ein Satz von 8 % gilt; es werden ja nicht nur 4 Pf. Steuern pro DM gezahlt, sondern gleichzeitig steigt auch die Bemessungsgrundlage wegen Verringerung des Freibetrages um 1 DM zusätzlich. Vielleicht sollte diese Unbilligkeit durch eine Zuerkennung des Freibetrages für jede Umsatzhöhe oder doch durch langsameres Auslaufen gemildert werden.

Der Kraftfahrzeugsteuertarif weist dagegen trotz grundsätzlich proportionaler Ausgestaltung wie jeder reine Stufentarif regressive Elemente auf. Da der Steuersatz von 101 ccm bis 200 ccm der gleiche ist, muß die Belastung bezogen auf die Bemessungsgrundlage (Hubraum) bis zum Erreichen einer neuen Stufe sinken.

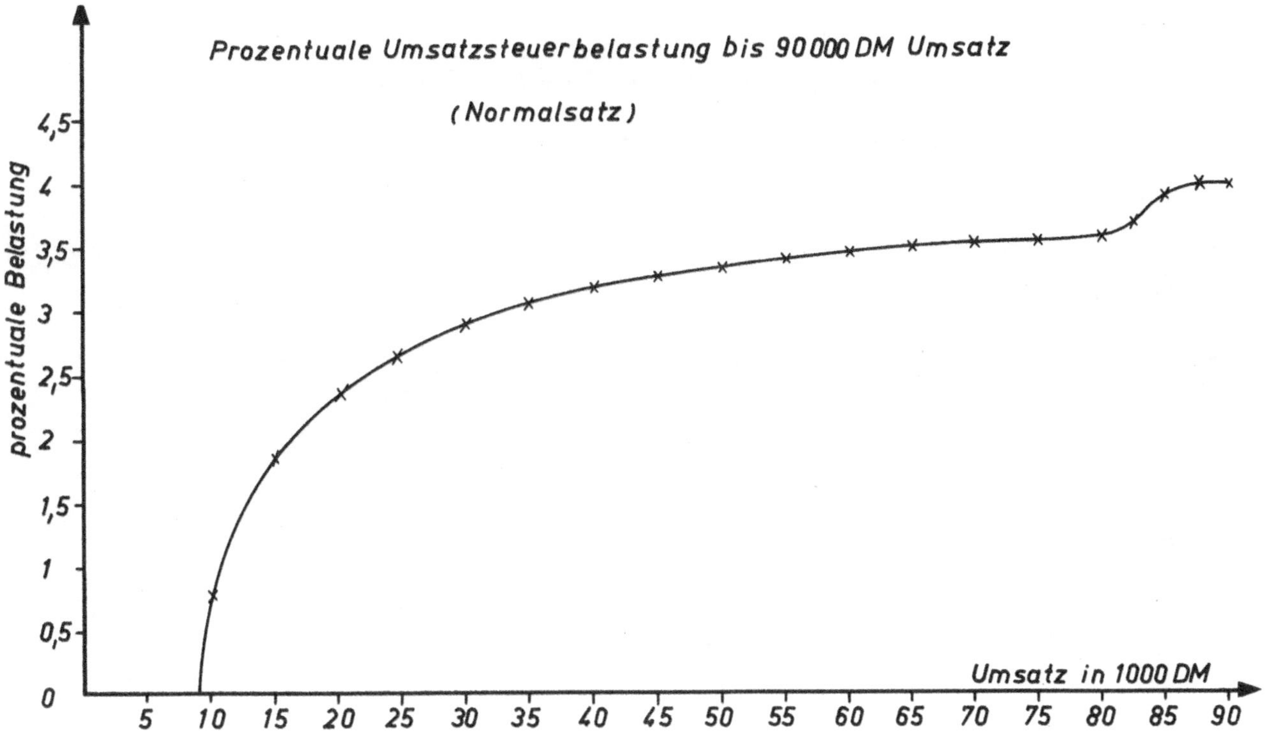

A b b i l d u n g 2
Prozentuale Umsatzsteuerbelastung bis 90.000 DM Umsatz
(Normalsatz)

Graphisch dargestellt sieht das so aus: (Vgl. Abbildung 3, S. 46).

Zwischen zwei Stufen fällt der Tarif in Form einer Hyperbel ab. Das Ausmaß der Sprünge nimmt jedoch mit wachsender Bemessungsgrundlage ab.

Die Biersteuer[115)] ist ein weiteres Beispiel für eine Verbrauchsteuer, deren Betrag nicht proportional mit der Bemessungsgrundlage steigt. Sieht man einmal von den Vergünstigungen für Hausbrauer ab, so ergibt sich eine Belastung von 12 - 15 DM pro hl je nach Größe des Ausstoßes (§ 3). (Vgl. Abbildung 4, S. 47).

Die graphische Darstellung des durchschnittlichen Steuerbetrages pro hl zeigt einen progressiven Verlauf. Der Durchschnittssatz beginnt bei 12 DM, hat bei 340.000 hl 14,5 DM erreicht und nähert sich dann asymtotisch der Grenze von 15 DM.

115. Biersteuergesetz in der Fassung vom 14.3.1952

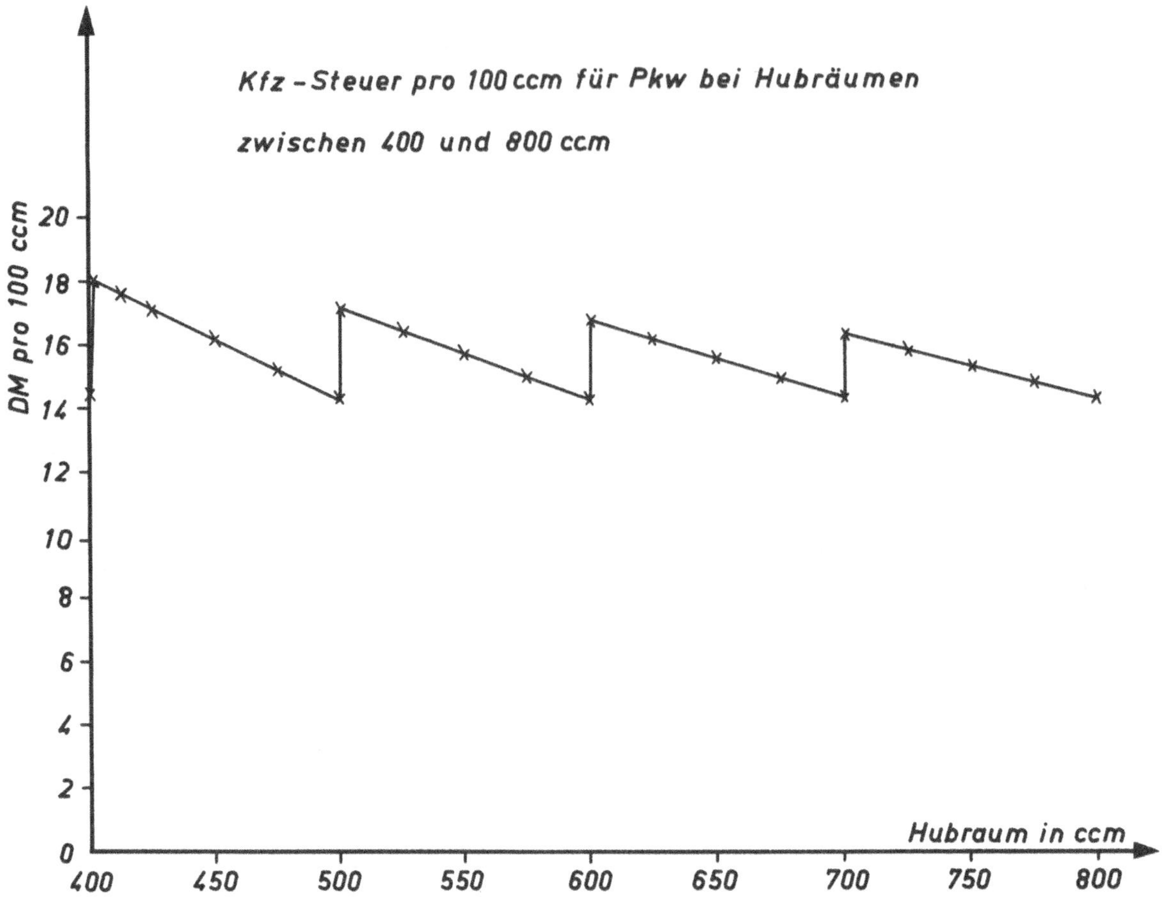

Abbildung 3

Kfz-Steuer pro 100 ccm für Pkw bei Hubräumen zwischen 400 und 800 ccm

Neben dieser Staffelung besteht noch eine andere, die sich nach dem Stammwürzegehalt richtet. Setzt man die oben angeführten, für Vollbier geltenden Steuerbeträge gleich 100, so ergibt sich folgende Aufstellung (s.S. 47).

Ist diese Abstufung, - da sie an der Qualität ausgerichtet ist - mit dem Wesen einer Verbrauchsteuer noch vereinbar, so bestehen gegen die Progression entsprechend dem Ausstoß ebenso wie gegen die Gewährung des Freibetrages ernsthafte Bedenken. Wenn die Verbrauchsteuern Belastungen sind, die ihrem Wesen nach vom Konsumenten getragen werden, also überwälzt werden sollen, dann muß man alles tun, dies so weit wie möglich zu erleichtern und zu gewährleisten. Jedwede andere Ziele sollte man durch andere, systemgerechtere Maßnahmen (Einkommensteuer) zu erreichen versuchen. Bei der Umsatzsteuer läßt sich die Begünstigung der Klein-

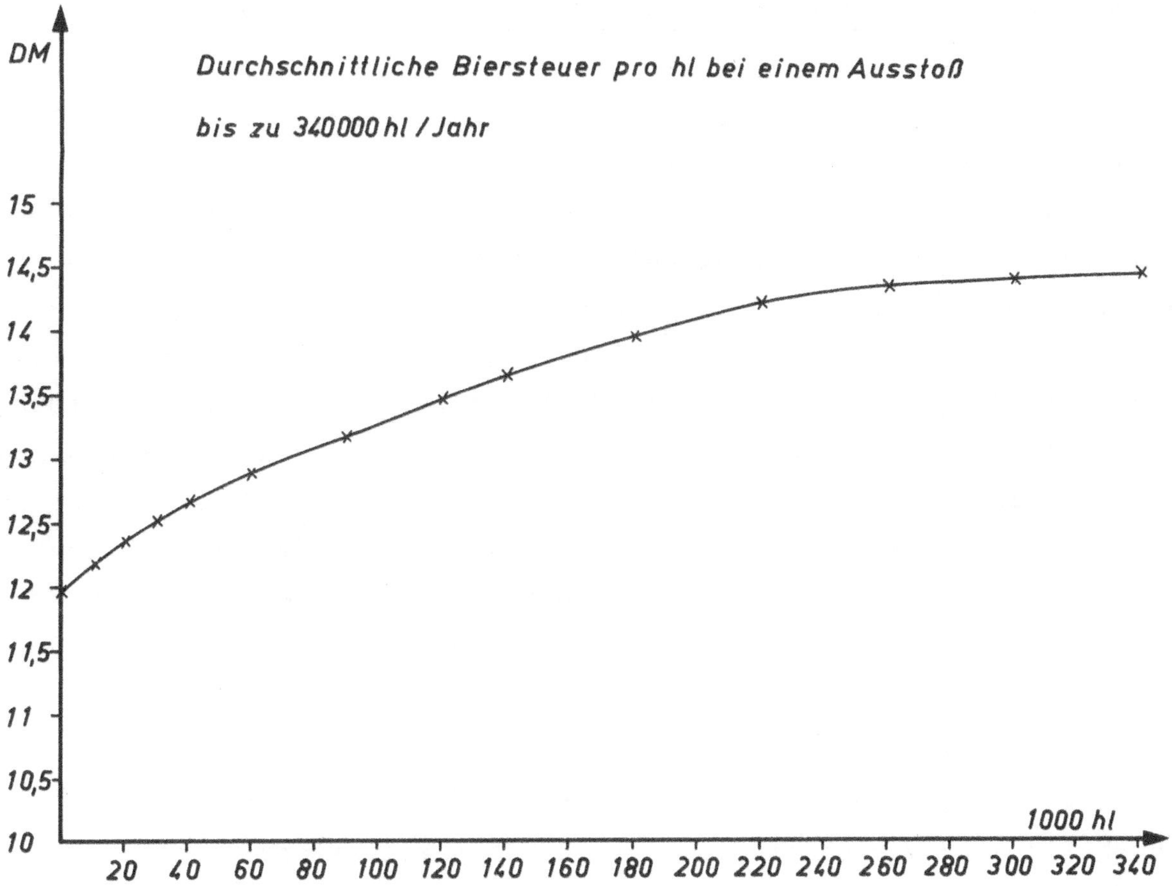

A b b i l d u n g 4
Durchschnittliche Biersteuer pro hl bei einem Ausstoß
bis zu 340.000 hl/Jahr

Biersorte	Stammwürzegehalt in %	Steuerbetrag in Relation zur Steuer auf Vollbier
Einfachbier	2 - 2,5	50
Schankbier	7 - 8	75
Vollbier	11 - 14	100
Starkbier	16 und mehr	150

und z.T. auch Mittelbetriebe aber vielleicht aus dem Gedanken heraus rechtfertigen, daß bei diesen Betrieben die vertikale Konzentration am allerwenigsten möglich ist, so daß sie infolge der kumulativen Allphasensteuer ohnehin im Nachteil sind, ein Nachteil, der durch diese Maßnahmen nur unvollkommen ausgeglichen wird.

2. Progression oder Regression in der Belastung?

Viel wichtiger als die Untersuchung der progressiven oder regressiven Elemente in der Tarifgestaltung einiger Verbrauchsteuern ist eine Prüfung der Belastung. Aussagen darüber lassen sich aber nur machen, wenn man die Inzidenz kennt. Der Gesetzgeber geht bei den Verbrauchsteuern davon aus, daß die Überwälzung gelingt. Man wird auch wohl annehmen können, daß - von Ausnahmefällen abgesehen - die Überwälzung tatsächlich glückt. Daß solche Ausnahmefälle vorkommen, hat allerdings gerade die jüngste Vergangenheit gezeigt. So führte z.B. die Umsatzsteuersenkung für Milch vom 1.2.56 keineswegs zu einer entsprechenden Preissenkung; auch die Senkung des Kaffeesteuersatzes am 30.7.53 führte nur in wenigen Fällen zu einer Verbilligung des Kaffees in den Gaststätten. Trotz dieser Erfahrungen dürfte die Überwälzung der Verbrauchsteuern, die ja alle Betriebe in gleichem Maße treffen, ob sie nun Gewinne erzielen oder nicht, in den meisten Fällen gelingen.

Diese Steuern treffen den einzelnen also nach Maßgabe seines Verbrauchs. Er kann der Steuer ausweichen, indem er sich des Konsums verbrauchsteuerbelasteter Waren enthält oder ihn doch wenigstens einschränkt. Diese Ausweichmöglichkeit ist aber insoweit theoretisch, als es sich um lebensnotwendige Güter wie Salz, Zucker, Getreide usw. handelt. Auch Kaffee, Tee, Tabak und Branntwein sind Güter, deren Nachfrage weitgehend unelastisch ist: die Konsumgewohnheiten gerade auf diesem Gebiet lassen sich nur sehr schwer ändern.

Bis zur Einführung der allgemeinen Umsatzsteuer waren es deshalb vornehmlich diese Güter, die einer Verbrauchsbesteuerung unterworfen waren, denn nur hier war ein großes Aufkommen gewährleistet. Nur wenn ein Gut von der breiten Masse nachgefragt wurde, schien eine Verbrauchsteuer sinnvoll zu sein. Die daneben bestehenden Luxussteuern hatten mehr optische als fiskalische Zwecke zu erfüllen.

Es nimmt nicht wunder, daß gegen eine solche Besteuerung, die vor allem auf der großen Masse der kleinen Einkommensbezieher lastete, vom sozialen Standpunkt aus schwere Bedenken erhoben wurden. Diese Bedenken waren nicht zuletzt auch deshalb berechtigt, weil häufig die Zahlung von Steuern als Maßstab für die Wertung der Stimmabgabe bei der Wahl diente. LASSALLE[116)] wies in seiner berühmt gewordenen Verteidigungsrede vor dem Kammergericht zu Berlin, vor dem er sich gegen den Vorwurf, die Massen durch demagogische Darstellung der Besteuerung aufgewiegelt zu haben, zu verteidigen hatte, darauf hin, daß das preußische Dreiklassenwahlrecht, das abgestuft war nach der gezahlten (klassifizierten) Einkommensteuer, ungerecht sei, weil diese Steuern nur 13 % des Gesamtaufkommens ausmachten. Da die breite Masse der Bevölkerung die Last der Besteuerung trage, müsse das Wahlrecht, selbst wenn man es nach dem Beitrag zur Tragung der Staatslasten ausrichte, anders aussehen. Gegen Ende des 19. Jahrhunderts war es vor allem Adolf WAGNER[117)], der auf die Schwächen der Verbrauchsbesteuerung hinwies. Da diese Steuern auf Gütern lägen, deren Konsum nicht in gleichem Maße wie das Einkommen stiege, ja in Ausnahmefällen sogar falle (Roggenbrot), wirke sie "umgekehrt progressiv", d.h. die Quote steige mit der Abnahme des Einkommens[118)]. Diese Behauptung beherrscht auch heute noch das Feld der steuerpolitischen Diskussion, ohne daß der inzwischen eingetretenen Änderung allzu viel Beachtung geschenkt worden wäre.

Es soll nicht bestritten werden, daß WAGNERs Behauptung zu seiner Zeit völlig richtig war. Wenn eine Steuer unentbehrliche Lebensmittel und verbreitete Volksgenußmittel trifft, dann muß sie zu einer regressiven Belastung führen; das gilt vor allem in den Fällen, in denen der Steuersatz sich auf die Menge und nicht den Preis bezieht, Qualitätsunterschiede also außer acht bleiben.

Schon vor ziemlich genau 100 Jahren hat ENGEL[119)] das "Gesetz vom Normalkonsum" aufgestellt, indem er feststellte: " ...... je ärmer eine Familie ist, einen desto größeren Anteil von der Gesamtausgabe muß zur Beschaffung von Nahrungsmitteln aufgewendet werden"[120)]. Bei der Auswertung einer großen Anzahl von Familienbudgets kam man zu dem Ergebnis, daß die Nahrungsmittelausgaben - selbst im internationalen Rahmen - von

116. LASSALLE, F., Die indirekte Steuer und die Lage der arbeitenden Klassen, Zürich 1863
117. WAGNER, A., Finanzwissenschaft, 2. Theil, 2. Aufl., Leipzig 1890
118. ders., a.a.O., S. 655 f.
119. ENGEL, E., Die vorherrschenden Gewerbezweige in den Gerichtsämtern mit Beziehung auf die Productions- und Consumtionsverhältnisse des Königsreichs Sachsen, in der Zeitschrift des Statistischen Bureaus des Königlich Sächsischen Ministeriums des Innern, 1857, S. 153 ff.
120. ders., a.a.O., S. 169

der Einkommenshöhe ziemlich unbeeinflußt sind. (Innerhalb eines Landes wird man diese Aussage auch für typische Massengenußmittel machen können).

Diese Feststellung ENGELs gilt auch heute noch; eine weitere Behauptung ENGELs, die zu seiner Zeit unstreitig richtig war, dürfte dagegen heute weitgehend falsch sein, die nämlich, daß "je ärmer eine Familie ist, verhältnismäßig desto größer ist der Anteil ihrer Beitragspflicht zu den indirekten Steuern"[121].

Es bedarf keiner langen Erörterungen, daß die Steuern, die Nahrungsmittel und allgemeine Genußmittel treffen (Zucker- und Salzsteuer, Nahrungsmittelzölle, Tabak-, Tee- und Kaffeesteuer, Branntweinmonopolabgabe etc.) auch heute noch regressiv sind. Aber diese Steuern bleiben heute an Bedeutung hinter der Umsatzsteuer weit zurück, und die Differenz wird von Jahr zu Jahr größer.

Ob aber die allgemeine Umsatzsteuer, die ja alle Güter und nicht nur die des notwendigen Lebensbedarfes erfaßt und die, worauf ihr Schöpfer Joh. POPITZ immer wieder hingewiesen hat, als eine in die juristische Form einer "Verkehrssteuer" gekleidete allgemeine Verbrauchsteuer gedacht ist[122], zu einer regressiven Belastung führt, ist sehr zweifelhaft. Die Beantwortung dieser Frage hängt erstens davon ab, mit welchem Satz die in den einzelnen Einkommensstufen in unterschiedlicher Menge gekauften Güter besteuert werden und zweitens davon, wie sich die Sparquote bei steigendem Einkommen entwickelt.

Aussagen über die Belastung durch die sogenannten indirekten Steuern lassen sich nur machen, wenn man ganz bestimmte Prämissen in bezug auf die Überwälzung macht. Wohl alle Untersuchungen über die Belastung durch diese Steuern gehen von der These aus, daß sie grundsätzlich überwälzt werden. Man braucht dann nur noch Angaben darüber, welche Güter in welcher Menge von einer Einzelperson oder besser von einem Haushalt in einem bestimmten Zeitabschnitt (Monat oder Jahr) nachgefragt werden.

Solche statistischen Untersuchungen sind in großer Anzahl gemacht worden. Schon LASSALLE[123] hat in seiner oben erwähnten Verteidigungsrede, allerdings in mehr oder weniger spekulativer Form, Angaben über die

121. ders., a.a.O., S. 170
122. SCHMÖLDERS, G., Organische Steuerreform, S. 72
123. LASSALLE, F., Die indirekte Steuer und die Lage der arbeitenden Klassen, Zürich 1863

Belastung durch die indirekten Steuern gemacht. Kurz nach der Jahrhundertwende haben dann GERLOFF[124] und später (1918) GÜNTHER[125] detaillierte Untersuchungen angestellt. Solche statistischen Aufstellungen sind aber für die hier zu beantwortende Frage der unterschiedlichen Belastung verschieden hoher Einkommen nur dann von Wert, wenn sie den in den verschiedenen Einkommensstufen zu tragenden Steuerbetrag erkennen lassen.

Die erste umfassende Enquête über die Steuerbelastung wurde 1924 - 1927 von dem schon erwähnten Committee on the National Dept and Taxation in England durchgeführt[126].

Das Aufkommen einzelner Steuern wie auch der Steuern in ihrer Gesamtheit läßt sich unschwer ermitteln. Schwieriger dagegen ist es, anzugeben, wieviel z.B. von einem Haushalt mit £ 50 oder £ 100 usw. aufgebracht wurden. Hier helfen die Haushaltbudgets weiter. Theoretisch müßten, wenn man nur einen repräsentativen Querschnitt von buchführenden Haushaltungen hätte, alle Fragen gelöst sein. Man brauchte dann nur den speziellen Belastungskoeffizient (prozentuale Steuerbelastung der verbrauchsbesteuerten Güter) zu ermitteln und hieraus den allgemeinen Belastungskoeffizient (prozentuale Belastung des gesamten Einkommens[127]) für verschiedene Einkommensstufen zu errechnen.

Nun sind solche Haushaltsbücher, selbst wenn sie gewissenhaft geführt werden, keineswegs so aussagekräftig, wie das zunächst scheinen mag. Schon die Tatsache, daß Familien sich zur Buchführung über ihre Ein- und Ausgaben bereit erklärt haben, läßt sie aus dem Rahmen herausfallen. Haushalte, bei denen jeder Kauf aufgeschrieben wird, sind viel berechnender, viel rationaler und viel ökonomischer als der Durchschnitt. Man wird nicht fehlgehen,mit der Behauptung, daß der Konsum "eigentlich unsinniger Güter" wie Alkohol, Kaffee und Zigaretten in solchen Familien unter dem Durchschnitt liegt.

---

124. GERLOFF, W.. Verbrauch und Verbrauchsbelastung kleinerer und mittlerer Einkommen in Deutschland um die Wende des 19. Jahrhunderts, in Jahrbücher für Nationalökonomie und Statistik, III Folge XXXV Band (1908)
125. GÜNTHER, A., Die Belastung kleinerer und mittlerer Einkommen durch Verbrauchsabgaben, in Schriften des Vereins für Socialpolitik, München und Leipzig 1918, S. 189 ff.
126. COLWYN-Report, a.a.O., S. 73 ff.
127. Diese Ausdrücke werden von GÜNTHER in seiner Untersuchung gebraucht

Eine weitere Schwäche liegt darin, daß ein gewisser kleiner Taschengeldbetrag verausgabt werden darf, ohne daß darüber detaillierte Angaben zu machen sind. Der größte Teil dieses Geldes wird wohl für Genußmittel verwendet werden.

Auch solche Beträge, die von Arbeitern zwar nicht direkt aufgewandt wurden, die aber doch eigentlich zu ihrem Lohn gehören, wie Ausgaben für Betriebsfeste und Betriebsfeiern, verfälschen die Haushaltsbudgets geringfügig.

Wie weit letztlich die Haushaltsbücher wirklich ganz ehrlich geführt werden, entzieht sich jeder Beurteilung. Immerhin wäre es verständlich, wenn man auch mit ihnen wie mit allen Bilanzen ein wenig "window-dressing" vornehmen würde, d.h. wenn man die Ausgaben für Genußmittel ein wenig auf Kosten der Ausgaben für "Kultur und Bildung" reduzierte.

Man muß also die Ergebnisse über die steuerliche Belastung, die auf Grund von Haushaltsbudgets durchgeführt wurden, mit einer gewissen Skepsis betrachten.

Der COLWYN-Report[128)] macht aus diesen Schwächen kein Hehl, denn er leitet seine Zusammenstellung über die Gesamtsteuerlast mit einer Feststellung ein, die man bei solchen Belastungsuntersuchungen immer im Auge behalten sollte: "It will be born in mind, that the figures other than those for the Income Tax[129)] are in various degrees speculative, and have no official authority. In particular the figures for the following duties attempt to illustrate rather than to measure[130)] liability: - Death Duties, Duty on Tobacco, Duty an Alcoholic Drinks, Entertainements Duty." Der Report[131)] kommt zu folgenden prozentualen Belastungen für die Zeit zwischen 1903 und 1926: (Tab. S. 53)

128. COLWYN-Report, a.a.O., S. 93
129. Diese etwas unvorsichtige Aussage rührt daher, daß er die Einkommensteuer für nicht überwälzbar hält
130. Sperrungen eingefügt
131. COLWYN-Report, a.a.O., S. 94 ff.

Prozentuale Belastung des Einkommens durch indirekte[132]
Steuern in England (Familie mit 3 Kindern unter 16 Jahren)

Einkommen £	1903/04	1913/14	Jahre 1918/19	1923/24	1925/26
50	8,7	8,0	- -	-	-
100	5,6	5,4	9,9	14,1	11,9
150	4,3	4,2	8,8	13,5	11,6
200	3,7	3,6	7,7	11,7	10,2
500	1,8	1,8	3,2	4,8	4,2
1.000	1,2	1,2	2,0	3,2	2,9
2.000	0,9	0,9	1,3	2,2	2,0
5.000	0,7	0,7	0,7	1,4	1,3
10.000	0,3	0,3	0,5	1,2	1,2
20.000	0,2	0,2	0,3	0,6	0,6
50.000	0,1	0,1	0,1	0,2	0,2

In jedem der betrachteten Zeiträume ergibt sich also eine Regression in der Belastung durch indirekte Steuern. Diese wurde jedoch durch die progressiven direkten Steuern von einem gewissen Einkommen an kompensiert. Die Gesamtsteuerbelastung war progressiv:

1903/04 von £ 200 jährlich aufwärts[133]
1913/14 " £ 200 " "
1918/19 " £ 200 " "
1923/24 " £ 500 " "
1925/26 " £ 500 " " an.

Zu gleichen Ergebnissen kam eine knapp zwanzig Jahre später von SHIRRAS und ROSTAS[134] durchgeführte Untersuchung. Das nimmt nicht wunder, da

132. Unter: indirekten Steuern werden hier verstanden: Tee-, Zucker-, Tabak-, Vergnügung-, Kakao-, Kaffee-, Trockenfrüchte-, Mineralwasser- und Chicorysteuer
133. Es handelt sich jeweils um den Punkt niedrigster prozentualer Belastung, wie er in der Tabelle angegeben ist. Natürlich liegt der Punkt nicht genau hier, sondern irgendwo zwischen den beiden Nachbarwerten
134. SHIRRAS, G.F., ROSTAS, L., The Burden of British Taxation, Cambridge 1942

- sieht man von der geringen 1941/42 erhobenen Purchase Tax ab - das Verbrauchsteuersystem keine wesentliche Änderung erfahren hatte.

Prozentuale Belastung des Einkommens durch indirekte Steuer in England[135]
(Ehepaar mit drei Kindern unter 16 Jahren)

Einkommen in £	Jahr 1930/31	1937/38	1941/42
100	11,0	10,4	19,1
150	10,9	9,5	16,7
200	9,6	8,4	14,8
500	3,9	4,9	8,0
1.000	2,7	3,1	4,6
2.000	1,9	2,4	2,9
5.000	1,2	1,3	1,5
10.000	1,2	0,8	0,7
20.000	0,6	0,4	0,4
50.000	0,2	0,2	0,1

Unter Einbeziehung der direkten Steuer ergab sich 1930/31 und 1937/38 von £ 500 und 1941/42 von £ 200 an eine Progression.

Die ausländischen Untersuchungen und auch die älteren deutschen Arbeiten können aber über die heutige Belastung durch die sogenannten indirekten Steuern wenig aussagen. Seit 1945 hat sich die Umsatzsteuer immer mehr zur Zentralsonne unseres Steuersystems entwickelt, gegenüber der alle anderen Verbrauchsteuern an Bedeutung zurücktreten. Da die Umsatzsteuer alle Güter ohne Ausnahme trifft[136], muß das Belastungsbild ganz anders aussehen als das oben geschilderte englische.

Um einigermaßen zuverlässige Aussagen machen zu können, müßten Untersuchungen angestellt werden, wie sie durch das COLWYN Committee oder SHIRRAS und ROSTAS gemacht wurden. Nun gibt es zwar eine Reihe von Untersuchungen, die über die Belastung irgendeines Einkommens Auskunft geben. Leider fehlt es an einer Untersuchung, die für die verschiedenen

135. SHIRRAS und ROSTAS, a.a.O., S. 58
136. Auch die in einer Phase befreiten Güter sind, wenn sie zum Verbrauch gelangen, mit einer gewissen Steuer belastet

Einkommensstufen, insbesondere auch die höheren, angibt, wieviel von den verschiedensten Gütern nachgefragt[137] und wieviel gespart wurde.

Gewisse Anhaltspunkte bietet allerdings eine 1953 im Statistisches Jahrbuch[138] erschienene Aufstellung über die Ausgaben von 4 Haushaltstypen, mit Jahreseinkommen von:

Gruppe A	unter				2.500 DM
Gruppe B	zwischen	2.500 DM	und		3.600 DM
Gruppe C	"	3.600 DM	"		5.100 DM
Gruppe D	über	5.100 DM			

Die speziellen Verbrauchsteuern, die auf die einzelnen nachgefragten Güter entfallen, lassen sich relativ leicht ermitteln. Schwieriger ist schon die Errechnung der Umsatzsteuerbelastung. Infolge der besonderen Struktur der deutschen kumulativen Allphasensteuer ist die Endbelastung abhängig von der Anzahl der durchlaufenen Stufen und von dem Satz, der auf den einzelnen Stufen erhoben wird. Da die Steuer sich von Stufe zu Stufe kumuliert und somit auch Steuern von Steuern erhoben wurden, kann man geradezu von einer Lawinenwirkung sprechen[139].

Da der Weg vom Urproduzenten bis zum letzten Verbraucher sehr verschieden sein kann, ergibt sich eine Vielzahl möglicher Endbelastungen eines Artikels. Um zu irgendwelchen Aussagen zu kommen, muß man deshalb typische Produktions- und Absatzwege ermitteln und auf dieser Basis den im Kleinverkaufspreis enthaltenen Umsatzsteueranteil errechnen.

Bei einer vom Ifo-Institut im Jahre 1953 vorgenommenen Untersuchung[140] ergaben sich für 40 wichtige Ver- und Gebrauchsgüter Umsatzsteuerbelastungen von 3,2 % bis zu 12,5 %.

---

137. JECHT, a.a.O., S. 134
138. Statistisches Jahrbuch 1953, S. 536 ff.
139. SCHUBERT, W., Die Kumulativwirkung der deutschen Umsatzsteuer, Finanzwissenschaftliche Forschungsarbeiten, Bd. 8, Köln 1951; KLÖSGES, E., Die Steuerlawine, Finanzw. Forschungsarbeiten, NF. Heft 1, Berlin 1953; WEBER-BANNENBERG, Steuern von Steuern, Finanzw. Forschungsarbeiten Bd. 10, Köln 1951
140. Ifo-Institut für Wirtschaftsforschung: Untersuchungen zur großen Steuerreform, Teil I, München 1953, S. 103 ff.

Durchschnittlich waren belastet:

Erzeugnisse der Landwirtschaft mit	6 %
Erzeugnisse der Nahrungs- und Genußmittelindustrie mit	8 %
Erzeugnisse der Textilindustrie mit	11,5 %
Erzeugnisse der sonstigen Konsumgüterindustrie (Möbel-, Papier-, Chemie- und keramische Industrie) mit	10 %

Das Ifo-Institut[141] hat daraus für 3 Verbrauchsgruppen die relative Umsatzsteuerbelastung berechnet und erhielt folgende Werte:

Relative Umsatzsteuerbelastung der Verbrauchsausgaben.

Untere Verbrauchergruppe	(210 DM mtl)	7,3 %
Mittlere "	(360 DM mtl)	7,6 %
Gehobene "	(690 DM mtl)	7,9 %

Berechnet man die Belastung durch spezielle Verbrauchsteuern und durch die allgemeine Umsatzsteuer unter Zugrundelegung der vom Ifo-Institut errechneten speziellen Belastungsziffern und der vom statistischen Bundesamt angegebenen Verbrauchsausgaben, dann ergibt sich folgende prozentuale Belastung des Nettoeinkommens[142].

Nettoeinkommen	Spezielle Verbrauchsteuern	Umsatzsteuer	Gesamte Verbrauchsteuern
2.316,87	2,27	6,08	8,35
3.305,62	3,06	6,65	9,71
4.345,61	2,94	6,89	9,83
6.117,65	2,90	7,12	10,02

Sowohl diese Berechnung wie auch die des Ifo-Instituts ergeben also, daß bei der Umsatzsteuer von Regressivität zumindest in den unteren und mittleren Einkommensstufen nicht gesprochen werden kann, ja daß sogar eine geringfügige Progression vorliegt. Das erklärt sich daraus, daß

141. Ifo-Institut, a.a.O., S. 150
142. FÜRST, W., Die Verbrauchsteuerbelastung der Haushalte, Dipl.-Arbeit im Seminar für Finanzwissenschaft, Köln 1954, S. 73

mit steigendem Einkommen der Anteil hochwertiger Konsumgüter, deren Umsatzsteueranteil relativ hoch ist, überproportional zunimmt, während gleichzeitig der Anteil der nur wenig belasteten Grundnahrungsmittel abnimmt.

Leider enthält die Aufstellung des Statistischen Jahrbuchs keine Angaben über die Verteilung des Einkommens in höheren Stufen, so daß man insofern weitgehend auf Vermutungen angewiesen ist.

Daß die Belastung mit speziellen Verbrauchssteuern bei Einkommen von 10, 20, 30 oder 50.000 DM sinken wird, ist unstreitig, denn dem Tabak-, Tee-, Kaffee- und Zuckerverbrauch sind enge Grenzen gesetzt. Ob aber die Verbrauchsausgaben insgesamt mit steigendem Einkommen so abnehmen, wie es KEYNES und seine Schüler fast als Axiom annehmen, ist doch sehr zweifelhaft. Steigt aber die Sparquote innerhalb eines gewissen Einkommensbereiches nicht, dann ist die Umsatzsteuer insoweit nicht regressiv, wie allgemein behauptet, sondern sogar leicht progressiv.

Aus der Aufstellung des Statistischen Jahrbuches 1953[143)] läßt sich ein solches Fallen der Konsumquote mit steigendem Einkommen nicht ablesen. Hier ist sogar der Sparbetrag beim geringsten Nettoaufkommen absolut am höchsten, die Sparquote[144)] sinkt von etwa 7 % bei 2.317 DM auf 2 % bei 6.118 DM. Man kann wohl nicht behaupten, daß das typisch sei, aber es spricht einiges dafür, daß innerhalb nennenswerter Einkommensbereiche die Konsumquote sich nicht wesentlich ändert. Weder auf empirischen noch auf deduktivem Wege kommt man zu dem insbesondere von KEYNES angenommenen stetigen Sinken des Grenzhangs zum Konsum bei steigendem Einkommen. "Es ist noch nie gelungen, statistisch einen einigermaßen engen Zusammenhang zwischen den Veränderungen des Gesamteinkommens und der Höhe des Neuzuganges an Ersparnissen nachzuweisen, wie ihn die moderne Theorie behauptet"[145)]. In einer umfangreichen Untersuchung hat VOIGT[146)] nachgewiesen, daß sich kaum eine Beziehung, wie sie etwa das Psychologische Gesetz behauptet, ableiten läßt (Tab. 3, Seite 58).

143. Statistisches Jahrbuch 1953, S. 536
144. Genauer ausgedrückt handelt es sich um "Reinausgaben für Vermögensbildung und Entschuldigung"
145. VOIGT, F., Aussagefähigkeit und Erkenntnisgrenzen der Wirtschaftstheorie, in Beiträge zur Theorie des Sparens und der wirtschaftlichen Entwicklung, Berlin 1958, S. 7 ff.
146. ders., a.a.O., S. 35

T a b e l l e 3

Die jährliche Ersparnisquote und ihre Veränderungen in Westdeutschland im Verhältnis zum jährlichen Nettoeinkommen aus Erwerbstätigkeit und Kapital[a], pro Kopf der Bevölkerung und in Preisen von 1938

Jahre	1	2	3	4	5
	Veränderungen des jährl. Nettoeinkommens/Kopf in % des Vorjahres	Jährliche Sparquote[b]/Kopf (ohne Wertpapiere)[c]	Veränderungen d.jährl.Sparquote/Kopf (ohne Wertpapiere)[c]	Jährl.Sparquote/Kopf (einschl. Wertpapiere)	Veränderungen d. jährl.Sparquote/Kopf einschl. Wertpapiere
1925		3,6		4,7	
1926	+ 1,1	4,5	+ 0,9	8,7	+ 4,0
1927	+ 5,3	4,8	+ 0,3	8,4	- 0,3
1928	+ 3,0	6,2	+ 1,4	9,8	+ 1,4
1929	- 0,78	6,2			
1930	- 3,0	5,8	- 0,4		
1931	- 6,7	- 1,8	- 7,6		
1932	- 12,6	1,2	+ 3,0		
1933	+ 4,6	3,1	+ 1,9		
1934	+ 9,2	3,4	+ 0,3		
1935	+ 6,7	3,5	+ 0,1		
1936	+ 7,2	3,6	+ 0,1	5,4	
1937	+ 7,9	4,5	+ 0,9	6,3	+ 0,9
1938	+ 1,8	6,8	+ 2,3	12,1	+ 5,8
1950		3,8		3,9	
1951	+ 13,9	2,9	- 0,9	3,1	- 0,8
1952	+ 4,4	5,6	+ 2,7	6,2	+ 3,1
1953		7,5	+ 1,9	8,4	+ 2,4

Quelle: **Zusammengestellt nach** OSTHUES, **Heinz: Einkommensverhältnisse und private Geldkapitalbildung in Westdeutschland** 1925 - 1953, **in:** Untersuchung **über das Spar-, Giro- und Kreditwesen, herausgegeben von Fritz VOIGT, Bd.** 6, **Berlin** 1957, **S.** 30 **und** 177

a) **Volkseinkommen abzüglich direkte Steuern, Sozialversicherung und unverteiltes Gesellschaftseinkommen**
b) **Jährliche Sparquote = jährliche Ersparnis in Prozent des jährlichen Nettoeinkommens**
c) **Kontensparen, Bausparen, Lebensversicherungssparen**

"Aber selbst wenn wir die Zahlenreihen entsprechend den konjunturellen Veränderungen in einzelne Abschnitte zerlegen, ändert sich das Bild nicht. Im ersten Abschnitt von 1925 bis 1928 entspricht einem Zuwachs des Nettoeinkommens von 1,1 % über 5,3 % auf 3,0 % eine Bewegung der jährlichen Veränderung der Gesamtersparnisquote von + 4,3 über - 0,3 auf + 1,4; in den Jahren 1950 bis 1952 steht einer Veränderung des Nettoeinkommens von 13,9 % und + 4,4 % eine Veränderung der Gesamtsparquote von - 0,8 und + 3,1 gegenüber. Aus den vorliegenden Entwicklungsreihen, wie auch aus statistischen Unterlagen anderer Länder und Zeiten, kann also eine Bestätigung des psychologischen Gesetzes nicht gefunden werden"[147].

Da bei den Berechnungen VOIGTs immer nur vom durchschnittlichen Nettoeinkommen die Rede ist, könnte natürlich für die individuellen Einkommen gleichwohl eine irgendwie regelmäßig abnehmende Konsumquote bestehen, nur müßte bei allgemein steigendem Einkommen diese Konsumquote entsprechend steigen. Viel näherliegend aber ist die Deutung, daß innerhalb gewisser Einkommensbreiten, deren obere Grenze naturgemäß schwer zu bestimmen ist, die Konsumquote sich überhaupt nicht wesentlich verändert. KEYNES' Vorstellung eines "gewohnten Lebensstandards"[148], der bei Einkommensveränderungen nicht oder nur langsam geändert wird, stimmt mit der Wirklichkeit weitgehend nicht überein. Häufig erlaubt eine Einkommenserhöhung die Verwirklichung eines langgehegten Wunsches, wodurch dann nicht selten weit mehr als das Mehreinkommen ausgegeben oder aber dieses langfristig durch einen Abzahlungskauf gebunden wird.

Daß diese Überlegung der Wirklichkeit entspricht, hat eine 1946 in den USA durchgeführte Befragung ergeben. 1200 Personen, die einen repräsentativen Querschnitt des amerikanischen Volkes bildeten, wurden gebeten, die Frage zu beantworten, wieviel nötig sei, um alle die Dinge zu kaufen, die das Leben der Familie glücklicher und bequemer machen würde. 68 % der Befragten waren entschieden unzufrieden mit ihrem Einkommen und wünschten im Durchschnitt eine Vermehrung von 86 % des gegenwärtigen Einkommens[149].

147. VOIGT, a.a.O., S. 86
148. Vgl. insbesondere SCHMÖLDERS-SCHRÖDER-SEIDENFUS, J.M. KEYNES als Psychologe, Berlin 1956, S. 72 ff.; VOIGT, a.a.O., S. 29 ff.
149. SCHMÖLDERS, G. u.a. S. 80

KEYNES Gedanke ist noch aus einer anderen Erwägung heraus wenig realistisch. Nicht selten ist eine Beförderung der Grund für die Einkommenserhöhung. Wird aber jemand vom einfachen Angestellten zum Abteilungsleiter oder aber dieser zum Direktor ernannt, so steigen seine Ausgaben ebenfalls sprunghaft, denn er muß - vor allem bis er von all seinen neuen Kollegen anerkannt wird - peinlich genau deren Lebensgewohnheiten einhalten. Von sinkender Konsumrate bei steigendem Einkommen kann dann kaum gesprochen werden.

WAGNERs kritische Einstellung zur Verbrauchsbesteuerung rührte wohl daher, daß zu seiner Zeit tatsächlich die Verbrauchsausgaben schon bei Einkommen, die nicht wesentlich über dem Existenzminimum lagen, prozentual sanken. Die Möglichkeit, sein Geld konsumtiv zu verwenden, waren nicht zu groß und das Sparen war eine allgemein anerkannte "Bürgertugend", die zu Macht und Ansehen verhalf.

In den letzten 70 Jahren haben sich die Verhältnisse grundlegend geändert: Zwei Währungsreformen ließen das Sparen als "Wert an sich" in zweifelhaftem Licht erscheinen; Sparen zur Altervorsorge - obwohl auch heute noch bedeutend - verlor durch Altersrenten und Pensionen etwas an Sinn und was das Prestige betrifft, so ist dem heute durch großzügiges Ausgeben des Geldes besser gedient als durch Sparen, das doch niemand sieht.

Die Möglichkeiten, das Einkommen konsumtiv zu verausgaben, sind im Gegensatz zu WAGNERs Zeiten weitgehend unbeschränkt. Die pausenlos auf den einzelnen einstürmende Reklame läßt seine Kaufwünsche mindestens ebenso schnell steigen wie sein Einkommen.

Angesichts dieser veränderten Situation sind es im wesentlichen zwei Motive, die zum Sparen führen, einmal die Altersvorsorge[150)] und zum anderen das Zwecksparen, d.h. also Sparen, um den Kauf teuerer langlebiger Güter (Auto, Eisschrank, Eigenheim etc.) zu ermöglichen, deren Anschaffung aus dem Einkommen einer Periode nicht bestritten werden kann[151)].

Beide Sparmotive aber wirken bei Beziehern größerer Einkommen nicht stärker als auch bei Beziehern kleinerer Einkommen. Spart der Reichere

150. Über die Untersuchungen hierzu in der angelsächsischen Literatur siehe VOIGT, a.a.O., S. 25
151. Vgl. VOIGT, a.a.O., S. 22 ff.

für ein Auto, so der Ärmere für ein Moped, der eine für ein luxuriöses Eigenheim, der andere, um einen kleinen Baukostenzuschuß aufzubringen. Unterschiedliche Sparquoten lassen sich hieraus nicht ableiten. Das gilt auch für das Sparen zur zusätzlichen Altersversorgung. Ja, hier könnte man sogar annehmen, daß es für die Bezieher höherer Einkünfte weniger notwendig sei als für die anderen.

Für die Umsatzsteuer ergibt sich aus alledem, daß von einer Regressivität zumindest bei kleinen und mittleren Einkommen nicht die Rede sein kann, ja, daß hier sogar eine geringfügige Progression vorliegt.

C. Schluß: Schlußfolgerungen für die Steuerpolitik

Es ist nicht Aufgabe dieser Arbeit, den Anteil der einzelnen Einkommensgruppen (untere, mittlere und gehobene) an der Tragung der Gesamtsteuerlast zu ermitteln, obwohl eine solche Untersuchung für die Steuerpolitik von eminenter Bedeutung ist. Sollte man nämlich feststellen, daß gewisse Staatsleistungen insbesondere den Beziehern kleiner und mittlerer Einkommen zugute kommen, daß sie aber ganz oder doch weitgehend von den gleichen Schichten getragen werden, dann erscheint der Wert einer solchen Maßnahme vor allem, wenn man das "Versickern" infolge der Verwaltungskosten mit in die Betrachtung einbezieht, im zweifelhaften Licht. Interessant ist in diesem Zusammenhang eine Untersuchung, die von P.R. WAGNER[152)] 1956 angestellt wurde. WAGNER unterscheidet 3 Einkommensgruppen

Gruppe A Einkommen bis unter 1.800 DM jährlich
Gruppe B Einkommen von 1.800 DM bis unter 6.000 DM jährlich
Gruppe C Einkommen von 6.000 DM jährlich und darüber.

Er geht von der Annahme aus, daß die Hälfte der Einkommensteuer (nicht der Lohnsteuer), des Notopfers Berlin und der Körperschaftsteuer überwälzt wird, eine Annahme, die zwar bis zu einem gewissen Grade willkürlich ist, die aber doch möglicherweise der Wirklichkeit recht nahekommt.

152. WAGNER, P.R., Einkommensumschichtung durch die Einnahmen der öffentlichen Hand. Kölner Diss. (Maschinenschrift) 1956. Die Berechnungen sind für das Jahr 1950 vorgenommen worden

Er nimmt ferner an[153], daß die überwälzten Steuern den Verbrauch progressiv belasten.

Um eine Vorstellung über die durch die Einkommenredistribution durch die Steuereinnahmen einerseits und die Ausgaben des Staates andererseits[154] zu bekommen, hat WAGNER folgende Gegenüberstellung gemacht:

	Gesamtbetrag in Mrd. DM	Einkommensgruppen A	B	C
Transferzahlungen	14,4	10,8	3,0	0,6
Steuerbelastung	27,8	6,6	13,9	7,3
		+ 4,2	- 10,9	- 6,7

Diese Aufstellung zeigt, daß die untere Einkommengruppe, der die Transferleistungen ja in erster Linie zugute kommen soll, weitaus mehr als die Hälfte davon zunächst an Steuern zahlen muß.

Eine andere sehr interessante Aufstellung hat JECHT[155] gemacht. Er hat für das Jahr 1950 eine Sozialbilanz aufgestellt, auf deren Aktivseite alle sozialen Transferzahlungen (im weiteren Sinne) aufgeführt sind und auf deren Passivseite die Beiträge stehen, die von Personen mit Einkommen über bzw. unter 4.800 DM zur Finanzierung dieser Ausgaben geleistet werden. JECHT nimmt an, daß die Zahlungen nur der unteren Einkommensgruppe zugute kommen, daß also die von den Beziehern höherer Einkommen gezahlten Beiträge eine Einkommensredistribution darstellen. Auch diese Aufstellung zeigt, daß der mit Abstand größte Teil der den unteren Schichten in den verschiedensten Formen mehr oder weniger direkt zugute kommenden Staatsleistungen von ihnen selbst aufgebracht werden muß. Nur 23,5 % entfallen auf Einkommen über 4.800 DM. Dabei dürfte das von JECHT gezeichnete Bild vielleicht noch etwas zu günstig sein. Er geht nämlich von der formalen Inzidenz aus. Da sich die Analyse auf eine abgeschlossene Periode erstrecke, tauche das Überwälzungsproblem nicht auf. Wörtlich heißt es " ... in der statistisch

153. Die Alternativen proportionaler und regressiver Belastung sollen hier außer acht gelassen werden

154. Vgl. zu den Ausgaben. HERMELINK, M.U., Die Einkommensumschichtung durch die Ausgaben der öffentl. Hand, Kölner Diss. 1956 (Maschinenschrift), S. 64 ff.

155. JECHT, a.a.O., S. 126 ff.

erfaßten Einkommensverteilung --- sind die Ergebnisse der Steuerüberwälzung während dieser oder einer früheren Epoche bereits enthalten"[156]. Der letzten Feststellung kann nicht widersprochen werden. Das rechtfertigt aber nicht, das Überwälzungsproblem auszuklammern. Es könnte ja sein, daß die Einkommensunterschiede durch die Einkommensteuer verschärft werden. Soweit das der Fall ist, ist es fragwürdig, von einer Redistributionswirkung der Steuern zu sprechen.

Im übrigen geht aus der Arbeit wohl insbesondere folgendes hervor:

Die Rolle der Einkommensteuer, die man emphatisch als Königin der Steuern gefeiert hat, ist doch wohl überschätzt worden. Die Progression ist infolge der loop-holes und der mehr oder weniger großen Überwälzungsmöglichkeiten doch nicht so stark, wie allgemein angenommen wird. Da die Überwälzung bei unelastischer Nachfrage, die besonders für lebensnotwendige Güter gilt, am wahrscheinlichsten ist, bedeutet das, daß diese Güter einen relativ hohen Anteil überwälzter Steuern enthalten, wodurch die Einkommensteuer sogar regressiv wirken kann.

Die allgemeine Umsatzsteuer ist für untere und mittlere Einkommensstufen nicht regressiv, sondern sogar leicht progressiv. Diese Progression entsteht im bestehenden Umsatzsteuersystem dadurch, daß die Güter des gehobenen Lebensbedarfs, auf die bei wachsendem Einkommen ein steigender Prozentsatz der Ausgaben entfällt, eine höhere Endbelastung tragen, weil sie immer dem Normalsatz von 4 % unterliegen (für einige Nahrungsmittel und für die Umsätze der Landwirtschaft gelten 3 % bzw. 1,5 %) und in der Regel relativ viele Umsatzstufen durchlaufen. Diese progressive Tendenz könnte durch Einführung einer nichtkumulativen Umsatzsteuer mit nach sozialen Erwägungen abgestuften Sätzen noch wesentlich verstärkt werden. Bei entsprechender Ausgestaltung könnte damit die Umsatzsteuer, also eine (allgemeine) Verbrauchsteuer, dazu beitragen, die Verteilung der Steuerlast nach sozialen Gesichtspunkten, so wie sie Adolf WAGNER vor rd. 70 Jahren gefordert hat, zu gewährleisten, eine Aufgabe, deren Lösung nach der Ernüchterung über die Möglichkeiten der Einkommensteuer in dieser Richtung, dringend notwendig ist.

Prof. Dr. Günter SCHMÖLDERS

156. ders., a.a.O., S. 135

D. Literaturverzeichnis

ALBERS, W. — Die Einkommensbesteuerung in Frankreich seit dem Ersten Weltkrieg, Kieler Studien Nr. 42, Kiel 1957

ders. — Preisliche Wirkungen der Besteuerung, in: F.A. NF, Bd. 16

BICKEL, W. — Stichwort Körperschaftsteuer, in: Handwörterbuch der Sozialwissenschaften, Stuttgart, Tübingen, Göttingen 1957

BLACK, D. — The Incidence of Income Taxes, London 1939

BLÜMICH-FALK — Einkommensteuergesetz 7. Aufl., Berlin und Frankfurt 1955

BRÄUER, K. — Umrisse und Untersuchungen zu einer Lehre vom Steuertarif, Jena 1927

BRÜCK, J. — Die Körperschaftsteuer als Kostenfaktor, Finanzwissenschaftliche Forschungsarbeiten Köln 1950

COLM, G. — Don't Through the Baby Out With the Bath, in: F.A. NF, Bd. 14

DALTON, H. — Principles of Public Finance, London 1923

DITTMANN, H. — Die theoretischen Grundlagen der Steuerprogression, Diss. Zürich 1950

ENGEL, E. — Die vorherrschenden Gewerbezweige in den Gerichtsämtern mit Beziehung auf die Productions- und Consumtionsverhältnisse des Königreichs Sachsen, in der Zeitschrift des Statistischen Bureaus des Königlich Sächsischen Ministeriums des Innern, Leipzig 1857

FÖHL, C.	Das Steuerparadoxon, in: F.A. NF Bd 17
ders.	Kritik der progressiven Einkommensbesteuerung, in: F.A. NF Bd. 14
FÜRST, W.	Die Verbrauchsteuerbelastung der Haushalte, Dipl. Arbeit im Seminar für Finanzwissenschaft, Köln 1954
GERLOFF, W.	Verbrauch und Verbrauchsbelastung kleinerer und mittlerer Einkommen in Deutschland um die Wende des 19. Jahrhunderts, in: Jahrbücher für Nationalökonomie und Statistik III. Folge, XXXV Band (1908)
GÜNTHER, A.	Die Belastung kleinerer und mittlerer Einkommen durch Verbrauchsausgaben, in: Schriften des Vereins für Socialpolitik Bd. 156, München und Leipzig 1918
HÄUSER, K. und R. RICHTER	Zum Problem der Einkommensteuerüberwälzung, in: F.A. NF
HERMELINK, M.U.	Die Einkommensumschichtung durch die Ausgaben der öffentlichen Hand, Kölner Diss. (Maschinenschrift) 1956
HICKS, U.	Steuerpolitik im Wohlfahrtsstaat, Finanzwissenschaftliche Forschungsarbeiten N.F. H. 3, Berlin 1953
Ifo-Schnelldienst	1953 Nr. 44
Ifo-Institut für Wirtschaftsforschung	Untersuchungen zur großen Steuerreform, Teil 1, München 1953
JECHT, H.	Staatliche Wirtschaftspolitik und Einkommensverteilung, in: Schriften des Vereins für Sozialpolitik N.F. Nr. 13, Berlin 1957

KAIZL, J. — Die Lehre von der Überwälzung der Steuern, Leipzig 1882

KLÖSGES, E. — Die Steuerlawine, Finanzwissenschaftliche Forschungsarbeiten, N.F. H. 1

KOCH-KAEMEL — Einkommensteuergesetz und Bürgersteuergesetz, München und Berlin 1934

KRELLE, W. — Zur Wirkung der progressiven Einkommensteuer, in: F.A. NF Bd. 16

LASSALLE, F. — Die indirekte Steuer und die Lage der arbeitenden Klassen, Zürich 1863

MANN, F.K. — Artikel Überwälzung und Steuer, in: Handwörterbuch der Staatswissenschaften 4. Aufl. 8. Bd., Jena 1928

ders. — Die Überwälzbarkeit der Einkommen-, Vermögen-, Vermögenzuwachs- und Erbschaftsteuer, in: Kapitalbildung und Steuersystem, Bd. II, Berlin 1930

MERING, O. v. — Die Steuerüberwälzung, Jena 1928

MUSGRAVE u.a. — Distribution of tax payments by income groups. A case study for 1948, in: National Tax Journal, März 1951

NEUMARK, F. — Theorie und Praxis der modernen Einkommensbesteuerung, Bern 1947

NEISSLER, H. — Kreislauftheoretisches zur Gewinnsteuer, F.A. NF Bd. 14

PEHL, G. — Die Belastung der Arbeitnehmerhaushalte durch indirekte Steuern, in WWI-Mitteilungen, Köln 1953

PEHL, G.	Die Steuerfreibeträge in den USA, in Großbritannien und in der Bundesrepublik, in WWI-Mitteilungen 1953
POPITZ, J.	Artikel Einkommensteuer, in: Handwörterbuch der Staatswissenschaften, 4. Aufl. 3. Bd., Jena 1926
RECKTENWALD, H.C.	Bedeutung, Grenzen und neuere Entwicklung der Steuerüberwälzungslehre, in: F.A. NF Bd. 16
RECKTENWALD, H.C.	Zur Lehre von der Steuerüberwälzung und den Steuerwirkungen, in: F.A. NF Bd. 13
Report of the Committee on National Dept and Taxation	(COLWYN-Report) London 1927
RIECKENBERG, J.	Wachstums- und konjunkturgerechte Finanzpolitik, in: Beihefte zur Konjunkturpolitik Heft 2, Berlin 1956
RÜSTOW, H.J.	Gewinnbesteuerung und Einkommensverteilung, in: F.A. NF Bd. 14
SCHLESINGER, H.	Die steuerliche Belastung des Arbeitnehmerhaushalts, in: F.A. NF Bd. 12
SCHMÖLDERS, G.	Allgemeine Steuerlehre, Wien-Stuttgart 1951
ders.	Das Verbrauch- und Aufwandsteuersystem, in: Handbuch der Finanzwissenschaft 2. Bd. 2. Aufl., Tübingen 1956
ders.	Die Umsatzsteuern, in: Handbuch der Finanzwissenschaft, 2. Bd. 2. Aufl., Tübingen 1956
ders.	Organische Steuerreform, Berlin und Frankfurt 1953

SCHMÖLDERS, G. — Steuersystem und Steuersystematik, in: Handbuch der Finanzwissenschaft 2. Bd. 2. Aufl., Tübingen 1956

SCHMÖLDERS-SCHRÖDER-SEIDENFUS — J.M. KEYNES als Psychologe, Berlin 1956

SCHUBERT, W. — Die Kumulativwirkung der deutschen Umsatzsteuer, Finanzwissenschaftliche Forschungsarbeiten Bd. 8, Köln 1951

SELIGMAN, E.R.A. — Progressive Taxation in Theorie and Practice, in: Publications of the American Economic Association Vol IX, 1894

ders. — Income Taxes and Price Level Appendix XII zum COLWYN-Report, London 1927

ders. — Die Lehre von der Steuerüberwälzung, Jena 1927

SHIRRAS, G.F. und L. ROSTAS — The Burden of British Taxation, Cambridge 1942

Steuer- und Zollblatt — 1947

STRUTZ — Das neue Einkommensteuergesetz, in: Steuer und Wirtschaft 1925

STUCKEN, R. und W. EHRLICHER — Zur Frage der Überwälzung der Unternehmersteuern, in F.A. NF Bd. 14

TAUSSIG, F.W. — Principles of Economics, 3. Aufl., 1. Bd., New York 1932

VOIGT, F. — Aussagefähigkeit und Erkenntnisgrenzen der Wirtschaftstheorie, in: Beiträge zur Theorie des Sparens und der wirtschaftlichen Entwicklung, Berlin 1958

WAGNER, A. — Finanzwissenschaft, 2. Theil, 2. Aufl., Leipzig 1890

ders. — Finanzwissenschaft, 3. Teil, 1. Buch, 2. Aufl., Leipzig 1910

WAGNER, P.R. — Einkommensumschichtung durch die Einnahmen der öffentlichen Hand, Kölner Diss. (Maschinenschrift) 1956

WEBER-BANNENBERG — Steuern von Steuern, Finanzwissenschaftl. Forschungsarbeiten Bd. 10, Köln 1951

WIESE, L. v. — Das Prinzip der Progression in der Einkommensteuer, Festgabe für Schanz, 2. Bd., Tübingen 1928

WELINDER, C. — Steuerüberwälzung und Steuerwirkungen, in: Handbuch der Finanzwissenschaft 2. Bd., 2. Aufl., Tübingen 1936

Annual Abstract of Statistics 1956

Statistisches Jahrbuch 1953, 1957

FORSCHUNGSBERICHTE DES WIRTSCHAFTS- UND VERKEHRSMINISTERIUMS NORDRHEIN-WESTFALEN

Herausgegeben von Staatssekretär Prof. Dr. h. c. Dr. E. h. Leo Brandt

WIRTSCHAFTSWISSENSCHAFTEN

HEFT 124
Prof. Dr. R. Seyffert, Köln
Wege und Kosten der Distribution der Hausratwaren im Lande Nordrhein-Westfalen
1955, 74 Seiten, 25 Tabellen, DM 9,—

HEFT 217
Rationalisierungskuratorium der Deutschen Wirtschaft (RKW), Frankfurt/Main
Typenvielzahl bei Haushaltgeräten und Möglichkeiten einer Beschränkung
1956, 328 Seiten, 2 Abb., 181 Tabellen, DM 49,50

HEFT 222
Dr. L. Köllner, Münster und Dipl.-Volkswirt M. Kaiser, Bochum
Die internationale Wettbewerbsfähigkeit der westdeutschen Wollindustrie
1956, 214 Seiten, 5 Abb., DM 39,50

HEFT 288
Dr. K. Brücker-Steinkuhl, Düsseldorf
Anwendung mathematisch-statischer Verfahren in der Industrie
1956, 103 Seiten, 27 Abb., 14 Tabellen, DM 24,20

HEFT 323
Prof. Dr. R. Seyffert, Köln
Wege und Kosten der Distribution der Textilien, Schuh- und Lederwaren
1956, 98 Seiten, 37 Tabellen, 1 Falttafel, DM 12,—

HEFT 353
Forschungsinstitut für Rationalisierung, Abt. Dokumentation, Aachen
Schlagwortregister zur Rationalisierung
1957, 376 Seiten, DM 56,—

HEFT 364
Prof. Dr. Th. Beste, Köln
Die Mehrkosten bei der Herstellung ungängiger Erzeugnisse im Vergleich zur Herstellung vereinheitlichter Erzeugnisse
1957, 352 Seiten, DM 50,—

HEFT 365
Prof. Dr. G. Ipsen, Dr. W. Christaller, Dr. W. Köttmann und Dr. R. Mackensen, Sozialforschungsstelle an der Universität Münster zu Dortmund
Standort und Wohnort
1957, Textband: 350 Seiten, 28 Karten, 73 Tab.
Anlageband: 15 Karten, 21 Tab., DM 99,—

HEFT 437
Dr. I. Meyer, Köln
Geldwertbewußtsein und Münzpolitik. — Das sogenannte Gresham'sche Gesetz im Lichte der ökonomischen Verhaltensforschung
1957, 80 Seiten, DM 20,30

HEFT 451
Prof. Dr. G. Schmölders, Köln
Rationalisierung und Steuersystem
1957, 78 Seiten, DM 17,15

HEFT 469
Dr. sc. agr. F. Riemann und Dipl.-Volksw. R. Hengstenberg, Göttingen
Zur Industrialisierung kleinbäuerlicher Räume
1957, 130 Seiten, 5 Karten, 23 Tabellen, DM 27,–

HEFT 477
Sozialforschungsstelle an der Universität Münster zu Dortmund
Beiträge zur Soziologie der Gemeinden. Teil I:
Dr. K. Utermann, Dortmund
Freizeitprobleme bei der männlichen Jugend einer Zechengemeinde
1957, 56 Seiten, DM 12,75

HEFT 563
Sozialforschungsstelle an der Universität Münster zu Dortmund
Beiträge zur Soziologie der Gemeinde im Ruhrgebiet. Teil II:
Dr. D. v. Oppen, Dortmund
Familien in ihrer Umwelt
1958, 104 Seiten, DM 26,10

HEFT 564
Sozialforschungsstelle an der Universität Münster zu Dortmund
Beiträge zur Soziologie der Gemeinde im Ruhrgebiet. Teil III:
H. Croon, Dortmund
Probleme der Gemeindeverfassung in der industriellen Gesellschaft
in Vorbereitung

HEFT 565
Sozialforschungsstelle an der Universität Münster zu Dortmund
Beiträge zur Soziologie der Gemeinde im Ruhrgebiet. Teil IV:
Dr. K. Hahn und Dr. R. Mackensen, Dortmund
Die kommunale Neuordnung des Ruhrgebietes, dargestellt am Beispiel Dortmunds
1958, 154 Seiten, 14 Karten, DM 42,80

HEFT 566
Dr. H. Klages, Dortmund
Der Nachbarschaftsgedanke und die nachbarliche Wirklichkeit in der Großstadt *1958, 256 Seiten, DM 47,—*

HEFT 572
Dipl.-Kfm. Dipl.-Volksw. Dr. J.-B. Felten, Köln
Wert und Bewertung ganzer Unternehmungen unter besonderer Berücksichtigung der Energiewirtschaft
in Vorbereitung

HEFT 591
Dr. Schairer, Köln
Aufgabe, Struktur und Entwicklung der Stiftungen
1958, 50 Seiten, DM 16,40

HEFT 592
Verein zur Förderung des Forschungsinstituts für Rationalisierung an der Rhein.-Westf. Technischen Hochschule Aachen
Das Forschungsinstitut für Rationalisierung an der Rhein.-Westf. Technischen Hochschule Aachen
in Vorbereitung

HEFT 601
W. Barbo und E. Stiller, Köln
Die Lage des Technisch-Wissenschaftlichen Nachwuchses und der Technisch-Wissenschaftlichen Hochschulen in der Bundesrepublik
in Vorbereitung

HEFT 602
H. v. Stebut, Köln
Die Hochschulen in der Aufwärtsentwicklung Westdeutschlands
in Vorbereitung

HEFT 604
Dipl.-Ing. H. Gröttrup, Aachen
Studienanalyse halbautomatischer Dokumentationsselektoren
1958, 112 Seiten, 50 Abb., DM 28,50

HEFT 607
Dr. H. Schlachter, Münster
Die Wettbewerbslage der westdeutschen Juteindustrie
1958, 137 Seiten, 35 Tab., DM 32,—

HEFT 624
Prof. Dr. G. Schmölders, Köln
Progression und Regression

HEFT 636
Dr. phil. S. Barlen, Aachen
Richtwerte für Zeitaufwand und Kosten von Dokumentationsarbeiten
1958, 68 Seiten, DM 16,20

HEFT 641
Dr. phil. M. Gnielinski, Aachen
Die industrielle Produktivität in neuerer Sicht
in Vorbereitung

HEFT 658
Dipl.-Kfm. Dr. H. Grupe, Köln
Public Relations in der öffentlichen Energieversorgung

HEFT 677
Dr. sc. agr. Fritz Riemann, Dipl.-Volksw. R. Hengstenberg, Dipl.-Ldw. G. Bunge, Göttingen
Der ländliche Raum als Standort industrieller Fertigung
in Vorbereitung

HEFT 678
Dipl.-Volksw. Dr. O. Blume, Dipl.-Volksw. I. Heidermann, Dipl.-Handelslehrer Dr. E. Kuhlmeyer, Köln-Lindenthal
Wirtschaftsorganisatorische Wege zum gemeinsamen Eigentum und zur gemeinsamen Verantwortung der Arbeitnehmer, I. Teil und II. Teil
in Vorbereitung

Wir liefern Ihnen gern auf Anfrage die Verzeichnisse anderer Sachgebiete.

GPSR Compliance

The European Union's (EU) General Product Safety Regulation (GPSR) is a set of rules that requires consumer products to be safe and our obligations to ensure this.

If you have any concerns about our products, you can contact us on ProductSafety@springernature.com

In case Publisher is established outside the EU, the EU authorized representative is:

Springer Nature Customer Service Center GmbH
Europaplatz 3
69115 Heidelberg, Germany

Batch number: 10809874

Printed by Printforce, the Netherlands